책 임 감 이 이 끄 는 성 공

리 J. 콜란 지음 / 송경근 옮김
HANEON.COM

책 임 감 이 이 끄 는 성 공

책임감이 이끄는 성공

펴   냄   2006년 10월 15일 1판 1쇄 박음 / 2006년 10월 20일 1판 1쇄 펴냄

지은이   리 J. 콜란

옮긴이   송경근

펴낸이   김철종

펴낸곳   (주)한언

　　　　등록번호 제1-128호 / 등록일자 1983. 9. 30

주   소   서울시 마포구 신수동 63-14 구 프라자 6층(우 121-854)

　　　　TEL. 02-701-6616(대) / FAX. 02-701-4449

책임편집   최선혜 sunhae@haneon.com

디자인   최지안 jachoi@haneon.com

홈페이지 www.haneon.com

이메일   haneon@haneon.com

이 책의 무단전재 및 복제를 금합니다.

잘못 만들어진 책은 구입하신 서점에서 바꾸어 드립니다.

ISBN 89-5596-345-9 03320

　　　　89-5596-346-7 03320 (세트)

책 임 감 이　이 끄 는　성 공

책 임 감 이　이 끄 는　성 공

Power Exchange

리더의 힘은 유한하다. 그러나 리더가 그 힘을 공유하면 무한해진다.

리더의 힘은 유한하다. 그러나 리더가 그 힘을 공유하면 무한해진다.

Power

명사)

① 효과적인 행동을 가능하게 하는 능력

② 특정 분야에서의 능력이나 기술 및 재능을 의미하기도 함

③ 통제력을 행사할 수 있는 능력이나 공식적인 권한, 권위

Exchange

동사)

① 받은 것에 대한 보상으로 제공하다

② 서로 주고받다, 상호교환하다

CONTENTS

새로운 시대에는 새로운 리더십이 필요하다

본론에 들어가기 전 우선 다음 이야기부터 살펴보자. 2005년이 되자 시장에서 가장 크게 달라진 것은 바로 노동력을 제공하는 사람들의 세대교체였다. 지금의 인력집단은 확실히 과거와는 다른 성향을 보인다. 1965년에서 1977년 사이에 태어난 X세대와 1978년 이후에 태어난 Y세대가 이제는 인력 풀의 중심이 된 것이다. 그 결과, 경험이 있는 두 사람의 직원이 떠난 노동현장에 경험이 부족한 한 사람이 들어와 빈 자리를 메우게 됐다.

더구나 매일 1946년에서 1964년 사이에 태어난 10,000여 명의 베이비 붐 세대들이 정년을 맞는다. 이렇게 노동력의 전환이 계속됨에 따라, 예전의 작업현장의 규범과 기대치도 전환되고 있다.

우리가 X세대 혹은 Y세대로 부르는 신세대들은 직장과 일에 관해 이전 세대와는 다른 관점을 지니고 있어서 더욱더 전환이 요구된다. 그들은 다음과 같은 성향을 보인다.

- 신세대는 주고받는 거래에 무척 민감하다. 리더인 당신이 원하는 게 무엇인지, 또 그것을 주면 그 대가로 당신이 무엇을 재공해줄 수 있는지 그들은 항상 알고 싶어 한다.
- 그들은 일단 업무가 시작되면 그 일에 전적으로 몰두할 수 있기를 바란다. 그러한 분위기가 형성되면 그들은 스스로 일에서 의미를 찾고 개인적인 만족감을 유지할 수 있을 것이다.
- 사실 신세대는 회사와 강한 결속력을 느끼지 못한다. 오

히려 몸담고 있는 회사보다 자신의 상사에게 많은 부분을 의지한다. 직장 동료보다 상사를 통해서 정보를 얻고, 상사를 통해서 목표를 명확히 하며, 상사를 통해서 회사의 정책을 이해할 뿐만 아니라 자기 계발 등의 과제도 수행하게 된다.

◀ 일에 쏟아 부은 자신의 노력이 중요하게 평가받기를 원한다. 만약 평가가 적절하지 못하다고 느끼면 그들은 자리를 박차고 떠나버릴 것이다.

인구통계학적인 변화를 살펴볼 때, **인력 부족 현상은 향후 5년 내 1천 만 명에 이를 것으로 보인다.**

이러한 새로운 노동력의 역동적인 움직임과 줄어드는 인재의 규모 때문에 리더십에 대한 새로운 도전이 일어나고 있다. 만일 리더가 이 요구를 받아들이지 못한다면 당연히 팀과 함께 낙오하고 말 것이다. 반대로 그 요구를 받아들인다면 경쟁력 있는 유능한 팀을 가지게 될 것이며, 미래의 성공적인 리더로서 위치를 확고히 굳히게 될 것이다.

신세대 직장인들은 리더들에게 강력한 리더십을 요구한

다. 또한 예전의 리더들과는 달리, 오늘날의 리더들은 자신들의 힘을 조직원들의 성과와 반드시 교환해야만 한다. 즉 더 높은 성과를 위해 리더가 자신의 힘을 위임해야 한다는 의미다.

전통적으로 힘은 리더십과 동의어였기 때문에 힘을 교환하라는 말은 리더들의 상식에 반하는 것으로 들릴 수 있다. 그러나 힘을 교환하게 되면 정식직원, 시간제 혹은 계약직이나 자원봉사자에 상관없이 고도로 에너지가 넘치는 팀원을 만들 수 있다.

이 책은 리더가 책임감과 성과를 동시에 고양시킬 수 있는 4가지의 단순한 '힘의 전환 단계'를 제시한다. 어떤 수준에 있는 팀 리더라도 요즘 변화하고 있는 조직원들을 이끌어 가기 위해 이러한 '힘의 전환 단계'를 사용할 수 있다. 그 결과로 당신의 팀은 계속 자리를 지키면서 경쟁자들이 모방할 수 없는 우위를 갖게 될 것이다.

오늘이 바로 미래다. 이 책을 계속 읽으면서, 팀의 성공을 위해 당신의 권한을 그들과 나누도록 노력하라.

"당신이 오늘 책임을 모면했다고 내일의 책임을 회피할 수는 없다."
아브라함 링컨*Abraham Lincoln*, 미국의 16대 대통령

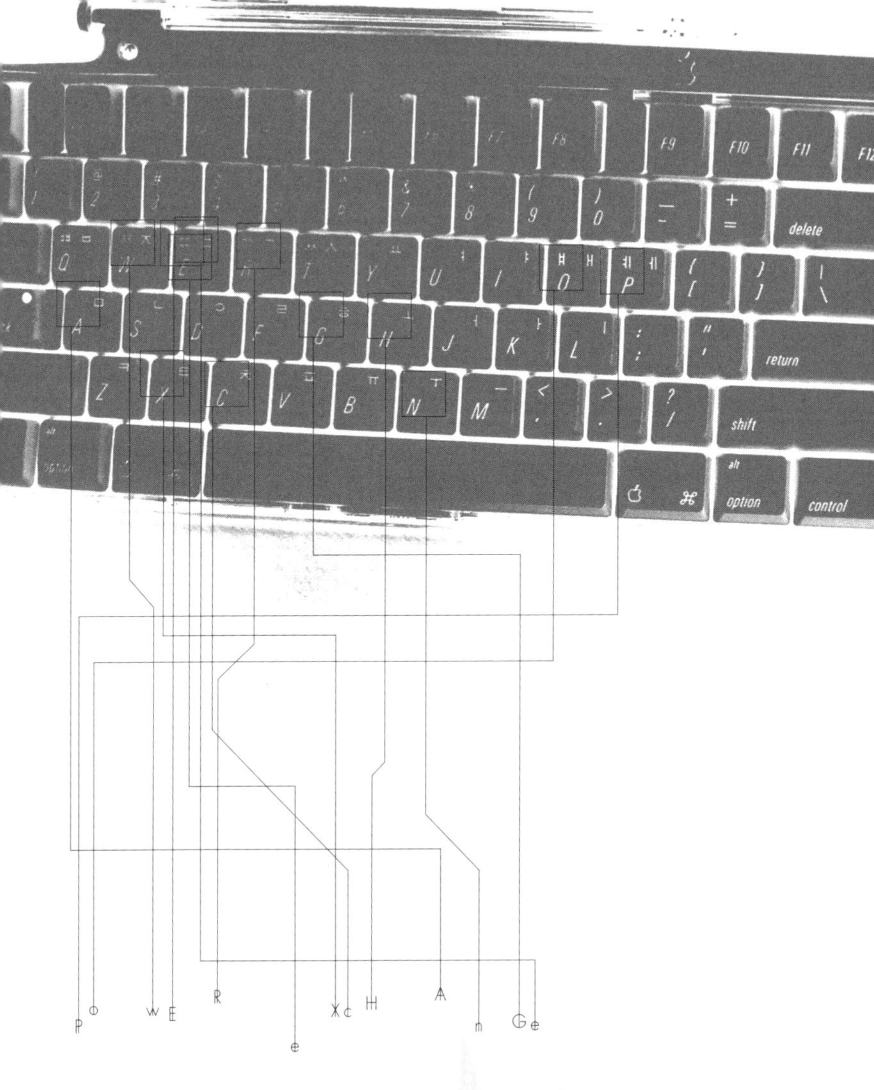

힘, 움켜쥘 것인가 놔줄 것인가

리더는 자신의 힘을 자신의 팀과 교환하지 않고 혼자의 힘만으로는 결코 성과를 창출할 수 없다.

힘의 역설
: '힘을 분배할수록 성과는 올라간다'

모든 리더십의 지위에는 일정 수준의 힘이 내재한다. 그리고 힘은 일반적으로 정보, 자원과 보상을 관리하는 사람에게 귀속된다.

요즈음과 같이 정보가 넘치고 시간이 부족한 작업 현장에서, 성공하는 리더들의 주요한 힘의 원천은 바로 정보다.

리더들이 확실하게 보상과 자원을 통제할 수 있다고 하더라도 그러한 힘의 원천은 상당부분 조직에 의해 통제된다. 그러나 정보에 대해서는 리더들만이 의미심장한 통제권을 가진다.

그처럼 정보가 힘이기 때문에, 우리 스스로가 정보를 갖게 되면 그 정보를 갖지 못한 사람들에 비해 힘을 더 가지고 있다고 느낀다. 왜 아직도 사소한 소문으로 도배된 타블로이드판 신문이 돌아다니고 있을까? 왜 사람들은 아직도 타블로이드판 신문에 눈길을 주는 것일까? 이것은 기본적으로 인간이 정보를 소유하고자 하는 욕구를 지니고 있으며, 그것을 힘을 소유하는 한 가지 방법으로 생각하고 있기 때문이다. 그게 아무리 사소한 정보일지라도 말이다. 사람들은 굵고 큰 글씨의 헤드라인이 아니라 해도, 그저 소문에 지나지 않는 단편적인 기사라 해도 읽고 소유하고 싶은 욕망을 느끼기 마련이다.

그럼 신세대 직원들이 일하는 사무실을 살펴보자. X/Y세대 직장인들에게는 힘의 역설이 성과를 일으키는 원동력이 된다. 즉 리더가 자신에게 주어진 힘을 덜 통제할수록 팀에게 더 큰 힘이 주어지게 된다. 따라서 리더라면 리더의 힘의 원천인 정보를 팀의 책임감과 성과와 교환해야 한다. 힘을 공유하면 할수록 힘 자체는 더욱 커질 것이다.

이와는 반대로, 리더가 힘을 통제하면 할수록 팀의 생산성과 열의는 더욱더 떨어지게 된다. 리더가 팀으로 흘러가는 정보를 가로막으면 리더 스스로가 팀의 성공을 가로막는 꼴이 된다. 이제 오늘날의 리더가 책임감과 성과를 고양시키기 위해 힘의 역설을 어떻게 적용해야 하는지 방법을 살펴보기로 하자.

"리더십의 책임은 조직원들에게 공헌할 기회를 제공하는 것이고, 조직원들의 책임은 그 기회를 활용하여 무엇인가를 위해 공헌하는 것이다."
윌리엄 폴러드*William Pollard*, 서비스 마스터*THE SERVICEMASTER COMPANY* 사의 창립자

오늘날의 강력한 리더

오늘날 미국 국내 총생산의 약 85%는 '사람에 의해 창출되고 전달되는 서비스와 정보'가 차지하고 있다고 한다. 현 경제의 대부분의 가치가 사람에 의해 직접적으로 창출된다는 의미다. 이런 때 리더가 해야 할 일은 다른 사람을 통해 높은 수준의 가치를 창출하고 유지하는 것이다.

오늘날의 강력한 리더는 자신의 팀이 성과에 온전히 몰입할 수 있도록 자신의 힘을 기꺼이 교환한다. 성공하는 리더는 바로 자신의 조직원들이야말로 지속적이면서도 월등한 성과를 만들어내는 연료라는 것을 확실하게 안다.

리더의 힘은 자신이 이끄는 팀의 힘을 반영한다. 우리 시대의 위대한 리더로 알려져 있는 사우스웨스트 항공사*Southwest Airlines*의 허브 켈러허*Herb Kelleher*, GE 사의 전 CEO 잭 웰치*Jack Welch*, 미국 농구단 LA 레이커스의 코치 필 잭슨*Phil Jackson* 등은 의심할 여지없이 강력한 리더십을 소유한 사람들이다. 그들은 조직원들의 잠재력을 이끌어내는 방법을 알고 있었다.

그들은 대부분 베이비 붐 세대의 리더들이었지만, 그들의 리더십 스타일은 자신들의 시대를 앞서갔다. 그들이 뛰어난 이유는 바로 그것이다. 그들은 자신들의 힘을 전통적인 방법으로 통제하지 않았다. 대신에 리더로서의 힘을 팀의 성과와 교환했다. 그들은 팀이 지속적으로 자발적인 여분의 노력, 즉 팀의 목표를 달성하기 위해 기꺼이 추가로 노력을 기울일 수 있도록 환경을 조성하는 방법을 알았다.

힘을 전환하는 과정에서, 강력한 리더들은 팀이 최대한의 잠재력을 발휘하도록 다음과 같이 하였다.

- 개인적으로 업무적으로 팀원들에게 보다 큰 도전거리를 제공한다.
- 직원들의 전문성을 높이는 데 힘쓴다.
- 조직원들의 몰입도를 증대시킨다.
- 신뢰를 구축한다.
- 장애물을 제거한다.
- 팀의 성과 기준을 높인다.
- 조직원들이 주인의식을 가지고 문제를 파악하고 해결책을 강구하도록 한다.

강력한 리더들은 의심할 여지없이 언제나 강하고 위풍당당하다. 그런 리더들의 핵심무기는 팀의 성공을 위해 정보, 즉 힘을 기꺼이 전환한다는 것이다. **힘의 전환은**, 조직원들의 책임감과 성과를 고양시키는 의도적이고 지속적인 정보의 공유다.

이제 이러한 정의를 좀더 이해하고 실천하기 쉽게 '힘의

전환 단계'라는 구체적이고 행동 가능한 단계들을 배워보
도록 하자.

"강력해진다는 것은 숙녀가 되는 것과도 같다. 만약 당신이 스스로 어
떤 사람이라고 남들에게 떠들고 다녀야 한다면, 이미 당신은 강한 사
람이 아니다."

마가렛 대처*Margaret Thatcher*, 영국 최초의 여성 총리

힘의 전환 4단계

조직원들의 책임감과 성과를 점차 높여주는 4가지 '힘의 전환 단계'를 소개하겠다. 만약 리더가 순차적으로 이러한 힘의 전환 단계들을 활용한다면 당신 팀은 최상의 성과 촉진제를 갖게 될 것이다. 리더는 팀의 최상을 알고 있기 때문에, 어느 힘의 전환 단계에 가속도를 높일 것인지 더 많은 시간을 투입할 것인지 스스로 결정해야만 한다.

리더가 자신의 힘을 조직원들에게 나눠주는 힘의 전환은 게임을 설명하는 것으로부터 시작한다. 물론 설명은 그 자체로서는 성과를 고양시키기 위한 필요조건이지 충분조건은 아니라는 것을 명심하라. 리더가 프로젝트, 계획, 기대치, 프로세스 등에 대해 설명할 때, 조직원들은 단지 참관자일 뿐이므로 개인적인 책임감은 거의 느끼지 못한다.

두번째 단계는 질문이다. 리더는 적절한 질문을 던짐으로써 힘을 지속적으로 전환할 수 있다. 문제를 명확하게 하기 위해 질문을 할 수도 있고 아니면 아이디어나 제안을 얻기 위하여 질문을 할 수도 있다. 질문을 던지면 조직원들의 열정을 이끌어낼 수 있고, 그 결과 조직원들은 더 큰 책임감을 느끼게 된다.

세번째 단계는 참여다. 업무를 향상시키기 위한 해결책을 생각해내거나 성공을 위해 조직원들이 알아야만 할 것들을 가르치는 과정에서 그 분야의 실무자, 즉 전문가들을 그 과정에 직접 참여시킨다. 그럼으로써 힘의 전환은 계속된다. 이 단계에서는 높은 수준의 책임감과 헌신이 만들어진다. 조직원들의 헌신은 문제를 파악하고 해결하며 성과를 증진

시키는 활동을 통해 드러난다.

힘의 전환의 마지막 단계는 성과와 사람에 대해 칭찬하고 감사하는 것이다. 이것은 조직원 자신의 일, 예를 들어 새로운 프로젝트, 고객관계, 반복적인 과업 혹은 보고서의 품질에 대한 주인의식 창출로 귀결되는, 지속적으로 향상된 수준의 책임감을 만들어낸다.

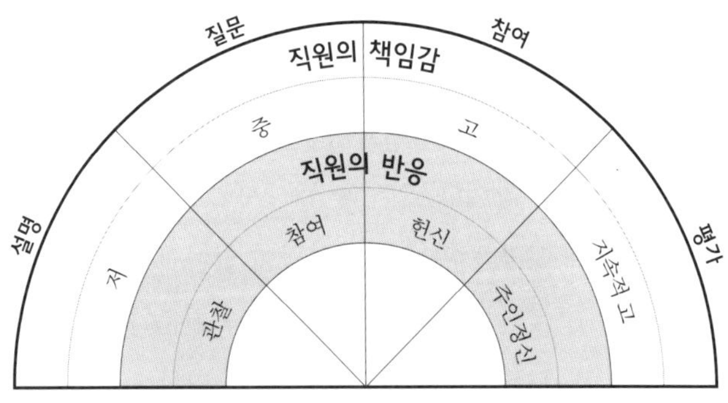

힘의 전환 단계

이 단계를 지속적으로 진행하면, 직원들의 대응단계 또한 자연스럽게 발전하게 된다. 이것 역시 직원들의 책임감을 높여준다.

다음의 예를 살펴보자. 리더인 토드와 그의 팀원인 크리스틴 간의 대화 내용이다. 토드는 앞에서 설명한 힘의 전환 4단계를 차근차근 실행하고 있다.

토드   크리스틴! 이렇게 만나다니 반갑군요. 당신과 의
         논해야 할 사항이 생겼어요. 내 생각엔 말이죠, 요
         즘 들어 우리 팀의 업무처리시간에 다소 문제가
         생긴 것 같아요. 이전보다 업무처리속도가 떨어진
         것 같거든요. 개선될 필요가 있을 것 같은데….
         (토드가 문제를 설명하고 있다.)

크리스틴 네, 잘 알겠습니다.(크리스틴은 단순히 관찰자의 입
         장에 머물러 있다.)

토드   팀의 업무처리 담당이 크리스틴이라고 들었는데,
         나는 당신 생각을 알고 싶어요. 최근 팀의 업무처
         리시간이 늘어난 이유가 뭐라고 생각하나요? (참
         여를 유도하는 질문을 던지고 있다.)

크리스틴 팀장님, 이번에 새로 도입한 업무처리 시스템이 기존 방식과 충돌하는 것 같습니다. 그렇지만, 가장 큰 문제점은 다른 데 있다고 봐요. 최근에 VIP 고객들을 위한 프로모션을 진행했었죠. 그래서 작년과 비교해 VIP들의 스페셜 주문 전화가 80%나 증가했어요. 그런데 이에 반해 직원들은 제대로 준비를 갖추지 못했습니다. 쏟아질 주문량을 예상하지 못하고 미리 개선안을 생각해두지 않았죠. 아마 이것이 가장 큰 문제인 것 같습니다. (크리스틴이 참여의 단계로 접어들었다.)

토드 그렇다면, 어떻게 하면 다시 업무처리시간을 단축시킬 수 있을까요? 우리의 업무 특성상 처리시간의 지연은 손익에 결정적인 영향을 미칩니다. 당신에게 한 가지 제안을 하겠어요. 이 문제를 해결할 수 있도록 방법을 생각해보세요. 내가 필요한 모든 것을 지원할 테니까요.(토드는 크리스틴이 실질적으로 문제해결에 뛰어들도록 유도하고 있다.)

크리스틴 네. 그럼 회의 전 이 문제에 대한 제 생각을 정리해서 우선 팀장님께 보고 드릴게요. 적절한 해결방안을 찾아서 신속히 수행할 수 있도록 하겠습니다. (크리스틴이 문제해결에 직접 참여했다.)

토드　　(해결방법이 나오고, 그것을 실행한 뒤) 크리스틴! 일을 아주 깔끔하게 해결했어요. 문제에 대한 적절한 해결방안을 제시했더군요. 덕분에 문제를 신속하게 해결할 수 있었어요.(토드가 크리스틴에게 긍정적인 피드백을 주고 있다.)

크리스틴　감사합니다, 팀장님! 업무 현장에서 실제적인 변화를 이끌어내는 일은 무척 중요하더군요. 이 일로 인해 제 자부심도 한껏 높아졌습니다. 아, 이미 마케팅 부서에는 문제해결에 대한 방안을 보냈습니다. 확신하건데 앞으로는 이런 문제가 일어나지 않을 겁니다. (크리스틴은 이 업무에 대해 주인정신을 갖게 되었다. 물론 향후에도 문제해결에 적극적으로 임하게 될 것이다.)

훌륭한 리더로서 직원들의 책임감을 높이는 가장 좋은 방법은 팀과 개개인들에게 성공할 수 있다는 믿음을 심어주는 일이다. 직원들에게 책임감을 부여하기 위해서는 리더 한 사람만의 노력만으로는 불가능하며 리더와 팀원의 상호 소통을 통해서만 책임감이 형성될 수 있다.

　사실 훌륭한 리더들은 4가지 힘의 전환 단계를 제각각 나
누어서 사용하지 않는다. 직원들과의 일상적인 상호관계 속
에서 4가지 단계를 자연스럽게 적용시키고 통합시킨다. 그
렇게 하면 시간을 절약하면서도 끊임없이 팀원들에게 주인
의식을 심어줄 수 있고, 그들이 업무에 헌신할 수 있게 만들
수 있기 때문이다.

　이제 권한위임의 4가지 단계를 보다 자세히 살펴보자. 또
한 각각의 단계는 그 단계의 효과를 높이는 2가지 증폭요소
를 가지고 있는데, 그것들은 팀원들의 책임감과 업무수행
능력을 증폭시키는 간단한 행동 지침들이다.

설명의 힘 : 게임 규칙을 설명하라

명확함은 책임감의 친구다. 그리고 모호함은 책임감의 적이다.

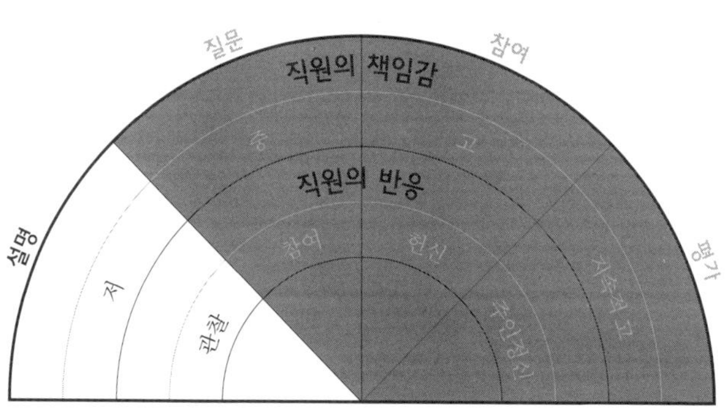
설명
질문
참여
평가
직원의 책임감
직원의 반응
저
중
고
관찰
참여
헌신
주인정신
지속적

설명은 정보 교환을 위한 가장 기본적인 과정이다. 만에 하나 "직원들도 이미 잘 알고 있을 거야"라든가 "이것도 모른다면 내가 그들을 고용한 의미가 없지. 그래, 굳이 내가 설명할 필요가 없을 거야"라는 식으로 생각했었다면 이는 큰 오산이다. 그러나 대부분의 리더들은 쉽게 이러한 함정에 빠져 들고 뒤늦게 직원들이 제대로 된 정보를 습득하지 못했다며 몰아세우는 잘못을 범하곤 한다.

'설명'은 힘의 전환에서 가장 기본적인 필요조건이다. 직원들은 자신에게 맡겨진 직무의 의미와 그 효과에 대해 정확하게 이해해야 한다. '설명'이 바로 이 일을 도와줄 수 있다. 그러나 어떤 리더들은 이 부분을 간과한다. 아니 무척 많은 리더들이 이러한 잘못을 저지른다. 직원들은 명확한 설명을 원하지만 그 중요성을 모르는 리더는 그러한 욕구를 무시하곤 한다. 문제는 그때 발생하는 것이다.

여론조사 기관인 해리스 폴*Harris Poll*이 1만 1천여 개의 회사를 대상으로 실시했던 설문조사 결과를 살펴보자. '설명의 블랙홀'이 얼마만큼 큰지 적나라하게 알 수 있을 것이다.

단지 15%의 직원만이 회사의 가장 중요한 목표에 대해
이해하고 있었다.

회사의 목표 달성을 위해서 자신이 무엇을 해야 하는지,
또는 회사가 자신에게 기대하는 바가 무엇인지 인식조
차 못한 직원들의 수가 전체의 51%를 차지하고 있었다.

회사의 가장 중요한 목표를 달성하기 위해 전력투구하
는 시간이 전체 업무시간 중 절반에도 미치지 못했다.

'설명의 블랙홀'이 결국 '업무수행의 블랙홀'로 이어지
리라는 것은 눈을 감고도 예상할 수 있다. 그러나 현재 많은
리더들이 설명의 중요성을 놓치고 있다. 팀원에게 설명하고
이해시키는 노력을 기울이는 리더는 정말 몇 되지 않는다.
오히려 자신이 가진 힘을 이용해 직원들을 다그치거나 잘못
된 사항을 일일이 지적하고 고치도록 하는 방법을 사용할
뿐이다.

설명한다는 것은 '지금 고생하지 않으면 나중에 고생한
다'는 리더십의 명제를 사용하는 것이다. 시급을 다투는 긴
급한 문제라면 더욱 뿌리부터 뽑아라. 사전에 프로젝트의
비전과 목표, 방법, 그것을 해야 하는 이유를 팀원들에게 알

려주지 않아서 생긴 문제 때문에, 당신이 후에 얼마나 많은 시간을 낭비하게 될 것인지 생각해보라.

설명의 중요성을 더 생생하게 느끼고 싶다면 다음 예를 살펴보자. 그것은 태양광과 레이저를 비교함으로써 알 수 있다.

태양광은 강력한 에너지의 원천이다. 태양은 매 시간 수십억 킬로와트의 에너지를 지구에 방사하고 있다. 그러나 그 집약도는 몹시 느슨해서 모자를 쓴다거나 자외선 차단제를 바르는 등 간단한 보호수단을 사용하면 일정 시간 태양광의 부정적인 영향을 피할 수 있다.

반면 태양광에 비한다면 레이저의 에너지는 매우 미미하다. 그러나 레이저는 에너지를 '집중'시켜 광선의 형태로 목표를 향해 돌진한다. 그럴 때 엄청난 열과 힘이 발휘되고 그것은 다이아몬드에 구멍을 뚫을 정도로 혹은 인간 몸속의 암을 제거할 정도로 강력해진다. 이것이 바로 '집중'의 힘이다.

당신 팀의 집중도는 당신이 얼마나 당신의 비전과 목표,

기대와 기본적인 원칙들을 직원들에게 제대로 설명하는지에 달렸다. 설명하는 데는 그다지 많은 에너지가 필요치 않지만 그 결과는 대단하다. 당신의 명확한 설명 덕분에 팀은 레이저 같은 고도의 집중력을 발휘하게 될 것이다. 명쾌한 설명 없이는, 직원들의 집중력을 기대할 수도 없고 궁극적으로 높은 업무 성과도 기대할 수 없다.

직원들에게 충분히 설명하라! 성공적인 업무수행은 바로 거기서부터 시작된다!

그러면 이제부터 '설명'을 성공적으로 수행하는 데 필요한 2가지 증폭요소에 대해 살펴보도록 하자.

▸4가지 질문에 대한 해답을 준비하라.
▸참여의 법칙을 정의하라.

4가지 질문에 대한 해답을 준비하라

직원들에게 특정한 업무, 상황, 프로젝트에 대해 설명할 때는 다음의 원칙을 기억하라. 일단 현재 설명하고 있는 일에 대한 큰 그림을 그려보게 한다. 그리고 그 속에서 각각 자신들의 위치를 찾게 하는 게 중요하다. 왜냐하면 사람은 자신이 큰 존재 속의 한 부분을 담당하고 있다고 느낄 때, 더 큰 책임감을 느끼기 때문이다.

성공적인 리더는 다음 4가지 질문에 대한 해답을 항상 가지고 있어야 한다. 이 4가지 질문이야말로 오늘날 직원들이 끊임없이 궁금해하는 것이기 때문이다.

1. 우리는 무엇을 달성해야 하는가?
2. 우리는 어떻게 그 목표를 달성할 수 있는가?
3. 내가 목표달성에 기여할 수 있는 방법은 무엇인가?
4. 내가 얻을 수 있는 것은 무엇인가?

위 4가지 질문을 자세히 살펴보면 직원들이 당신에게 묻고 싶은 게 무엇인지 그리고 실제로 어떤 설명을 바라는지 좀더 명확해진다. 그것은 다음과 같다.

1. 목표―실행 가능한 목표와 결과에 대한 명확한 정의
2. 계획―목표 달성을 위한 세부적이고 실행 가능한 단계
3. 역할―광범위하지만 명확한 업무에 대한 기대
4. 보상―직원들에 대한 혜택(심리적, 감정적, 지적, 경제적인 혜택)

당신은 이 4가지 질문에 대해 얼마나 명쾌한 해답을 제시

할 수 있는가? 이 질문들에 대한 적절한 해답을 제시하는 것은 현재의 가능성과 미래의 성과를 이어주는 다리를 건설한다는 뜻이다. 그 다리는 곧장 책임감과 연결된다. 현재의 가능성과 미래의 성과를 연결하는 다리가 없다면, 중간에 물에 빠져 익사할 수밖에 없다. 튼튼한 다리를 세움으로써 당신은 팀의 업무 성과를 뒷받침하고 목표로 이끌어 갈 수 있는 환경을 만들어내는 것이다.

물론 오늘날의 비즈니스 환경과 정보유입의 속도를 고려할 때, 직원들과 어떤 사항에 대해 커뮤니케이션 할 것인지, 또 어떤 것을 커뮤니케이션 하지 않고 보류할 것인지를 결정하는 것은 매우 어려운 문제다. "직원들이 모든 것을 알아야 할 필요는 없어" 혹은 "얘기해봤자 이해하지 못할 거야" 심지어 "직원들이 지금 당장 이 문제를 처리할 수 없겠지" 등의 의문이 끊임없이 피어오를 것이다. 그리고 실제로 종종 그렇게 판단해버리고 만다. 흔히 리더는 직원들에게 주어진 힘은 과소평가하는 반면, 자신이 가진 힘은 과대평가하기 때문이다.

직원들이 여전히 4가지 질문에 대한 해답을 얻지 못했을 때, 그들은 그 빈 공간을 채우기 위해 스스로 그 문제에 대해 가정을 하기 시작한다. 그리고 대부분 그 가정은 최악의 시나리오인 경우가 많다. 물론 그 가상의 시나리오에는 리더의 생각이 전혀 반영돼 있지 않다. 이는 어쩌면 당연한 순서다. 그러므로 해답을 찾지 못한 4가지 질문은 '침묵의 악순환'으로 연결된다. 바로 침묵은 의심으로, 의심은 공포로, 공포는 혼돈으로, 혼돈은 최악의 사고(思考)로.

이 침묵의 악순환이 진행되는 데 걸리는 시간은 겨우 5분 정도거나 길어야 5주 정도밖에 걸리지 않는다. 실제로 이 과정은 생각보다 훨씬 더 빠른 속도로 진행된다.

그러므로 언제나 4가지 질문에 대한 해답을 제시함으로써 조직원들의 침묵을 깨뜨려라. 한 예로, 당신은 며칠 전에 새로운 프로젝트에 대한 애기를 들었다. 그런데 그 프로젝트는 향후 몇 달 동안 당신 팀에 큰 영향을 미치지는 않을 것 같다. 자 이제 어떻게 해야 하는가? 프로젝트의 영향력이 크지 않으니 그냥 넘어가야 할까? 아니다. 절대 그래서는 안 된다. 당신은 입을 열어 그 정보를 팀원들과 공유해야 한다. 그래야만 직원들이 상황을 인식하고 준비하고(당장 필요하든 아니든) 필요한 경우 적절히 대응해나갈 수 있다. 적어도 직원들이 두 손 놓고 있거나 불확실한 루머로 불안해하는 일은 발생하지 않을 것이다.

훌륭한 리더는 정보의 차단이 자신의 팀을 보호하는 방법이라고 생각해서는 안 된다. 리더가 정보를 공유하지 않으면, 직원들은 자신만의 방법으로 정보를 얻고자 하며, 그 결과는 실제보다 훨씬 더 나쁜 쪽으로 진행된다.

그러니 리더가 나서서 침묵의 악순환을 끊어야 한다. 단지 4가지 질문에 대한 적절한 해답을 제시하면 충분하다.

참 여 의 법 칙 을 정 의 하 라

참여의 법칙은 팀의 올바른 상호작용을 위해 꼭 필요하다. 이것은 마치 모든 편의점 계산대에 붙어 있는 "신분증을 제시해주십시오"라는 안내 표지와도 같다. 이 표지 덕분에 점원들은 일하는 게 훨씬 수월해졌다. 이 표지를 붙여놓기 전에는 술이나 담배 등을 사는 사람에게 법적 허용연령이 됐는지 알아야 한다며 신분증을 요청해야만 했다. 그렇지만 대부분의 사람들이 신분증 보여주기를 꺼렸고 화를 내거나 불편한 심기를 그대로 드러내기도 했다. 그래서 점원들은 점점 그 절차를 부담스럽게 여기게 됐고 나중에는 대충 외모로만 나이를 판단하기 시작했다. 물론 이것이 법률에 명백히 위배되는 행동이라는 것은 말할 것도 없다.

그러나 그 안내 표지판이 생긴 후로는 상황이 180도 달라졌다. 편의점 점원은 그저 "신분증을 제시해주십시오"라고 쓰여진 표지판을 가리키기만 하면 됐다. 이 간단한 방법으로 인해 그동안의 불편한 절차, 그리고 그 속에서 발생했던 혼동과 오해, 사적인 감정은 싹 사라지게 됐다. 모든 사람들이 이해하고 동의할 수 있는 커뮤니케이션, 이게 바로 '참여의 법칙'이다.

참여의 법칙을 명확히 정의하라. 업무를 처리할 때 혹은 그룹업무를 진행할 때 직원들에게 일정한 법칙을 알려주고 공유하라. 의견 충돌이나 논쟁을 피할 수 있을 뿐만 아니라 나중에 발생할 수 있는 각각의 개별 상황에도 적절히 대처할 수 있을 것이다.

참여의 법칙이 피부로 와 닿지 않는다면 학창시절을 떠올려보자. 선생님들은 매 학기 첫 시간에 일종의 '참여의 법칙'을 설명해줬다. 교과 진행 및 학급 운영에 대한 규칙, 질문이 있을 때는 손을 들고, 매일 아침에 숙제한 것을 책상 위에 펼쳐 놓으라거나, 다른 친구들을 존중하라는 등의 규칙들을 말해줬을 것이다. 선생님이나 학생들 모두 그 규칙을 공유함으로써 '수업'이라고 하는 가장 중요한 목적에 보다 쉽게 집중할 수 있었다.

리더가 참여의 법칙을 명확히 설명해준다면 당신의 팀은 훨씬 수월하게 가장 중요한 '업무성과'를 달성하게 될 것이다. 물론 참여의 법칙을 제대로 적용하면 다음과 같은 주제에도 적절한 기준을 세울 수 있다.

- 상황에 대한 판단
- 정보의 공유
- 개선을 위한 아이디어
- 업무 인수인계 등의 조정
- 전반적인 업무 습득
- 관습적인 사고에 대한 이의 제기

▶ 우선순위 확보
▲ 갈등의 해결

  팀이나 회사에 적합한 '참여의 법칙'을 제시함으로써 업무의 방향성을 제시하라. 물론 어떻게 참여의 법칙을 만들어내야 하는지 궁금할 수 있다. 예를 들어, 만약 안건이 너무 많아 부서 회의 시간에 한꺼번에 처리하기 어렵다면 다음과 같은 참여의 법칙을 만들 수 있을 것이다.

▶ 자신의 의견은 회의 후가 아닌 회의하는 중에 밝힌다.
▶ 건설적인 논쟁은 충분히 수용하며 격려한다. 이는 보다 나은 결정을 불러일으킨다. 그러나 사적인 감정이 담긴 논쟁은 허용하지 않는다.
▲ 회의에서는 논쟁을 할 수도 있고 의견의 불일치가 있을 수도 있지만, 전체 회사 내에서는 단결된 팀의 모습을 보인다.
◀ 모든 문제점에는 그에 맞는 해결책이 있음을 명심한다.

  참여의 법칙은 장황할 필요가 없다. 그러나 팀이 처한 상황이나 그 성격에 맞고, 모든 팀원들이 공감할 수 있어야 한다. 다른 상황을 예로 들어보자.

- 모든 보고서는 우리 부서를 떠나 타부서로 넘어가기 전, 적어도 한 명 이상의 직원이 검토한 후에 넘긴다.
- 만일 어떤 문제가 다섯 차례의 이메일을 통해서도 해결되지 않는다면, 문제 해결을 위해 직접 상대를 만나든지 전화통화를 하라.
- 고객과 관련된 업무는 다른 어떤 내부 업무보다 우선시돼야 한다.
- 팀 회의든 다른 종류의 회의든 회의는 1시간을 넘지 않는다.
- 모든 프로젝트는 마친 지 일주일 이내에 해당 프로젝트에 대한 정보 공유 및 학습을 위한 보고 절차를 거쳐야 한다.

오늘날의 성공적인 리더들은 명확한 참여의 법칙을 팀원들에게 제시하고 이에 따라 팀을 운영한다. 세부적인 결정을 내릴 때에도 항상 법칙들을 적용한다. 또한 자신을 포함한 팀원이 참여의 법칙에 따라 업무를 수행할 것을 기대하며, 스스로도 참여의 법칙에 따라 팀을 관리하며 업무를 수

행한다.

　물론 여기저기서 조그마한 일탈이나 잘못이 일어날 수도 있다. 그러나 결코 걱정하지 말라! "신분증을 제시해주십시오"라는 표지처럼 당신은 그저 팀원들에게 팀의 법칙을 상기시키면 된다.

■ 힘이란 무엇인가?

힘의 전환의 첫번째 단계 : 게임 규칙을 설명하라.

증폭요소 • 4가지 질문에 대한 해답을 준비하라.
        • 참여의 법칙을 정의하라.
첫번째 단계에서 보이는 직원의 책임감 수준 : 저
첫번째 단계에서 보이는 직원의 반응 : 관찰

"위대한 리더들은 팀원들에게 무엇을 하라고 일일이 말하지 않는다. 그저 명확한 목표를 설정하고 올바른 방식을 제시할 뿐이다. 인색한 리더는 그들이 모든 것을 알고 있다고 생각하고, 조직이 잘 돌아가고 있을 때도 아직 일어나지 않은 모든 문제점들을 생각하며 안절부절 못한다."

노먼 슈바르츠코프 *Norman Schwarzkopf* 장군

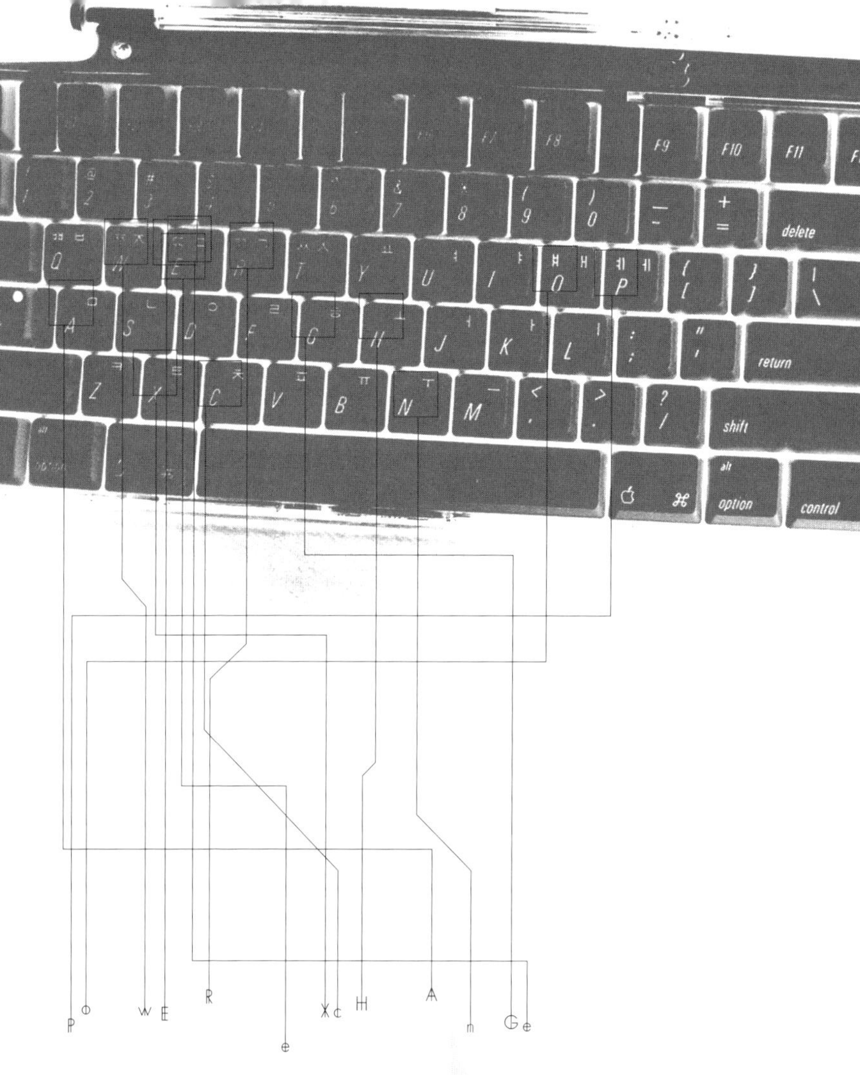

질문의 힘 : 적절한 질문을 던지고 경청해라

"과거를 통해 배우고, 현재에 충실히 살며, 미래를 위한 희망을 품어라.
중요한 것은 끊임없이 질문하는 것이다."
알버트 아인슈타인*Albert Einstein*

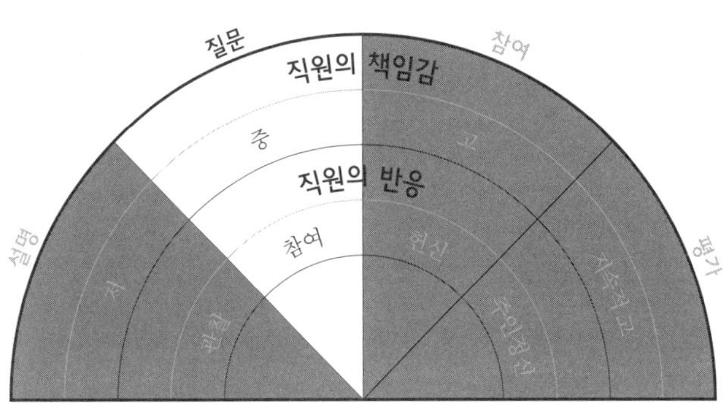

질문
참여
직원의 책임감
중
고
직원의 반응
설명
참여
헌신
평가
주의집중
지속지료

성공적인 업무 수행을 위한 첫번째 단계는 '설명'이었다. 그러나 앞에서도 말했듯이 설명은 다분히 일방적인 과정이다. 그 과정에 참여하는 사람은 오직 '설명을 하는 사람'과 '설명을 듣는 사람' 뿐이다. 진정한 힘의 전환을 위해서는 두번째 단계를 실행해야 한다. 리더가 두번째 단계에서 할 일은 적절한 '질문'을 던지는 것이다. 리더가 팀원들에게 질문을 하기 시작하면, 그때야 비로소 적절한 쌍방향의 정보교환 작업이 시작된다.

우리는 질문을 통해서 상대에 대한 존경심을 표현하고, 긴장된 상황을 부드럽게 풀어나가고, 물건값을 흥정하기도 하고, 경제적인 보상으로는 절대 선사할 수 없는 자긍심을 주기도 한다.

조직을 운영하기 위해 필요한 다양한 지식들은 크게 2가지 범주로 나눌 수 있다. 이것을 이해한다면 그에 따라 적절한 질문을 던지는 것이 얼마나 중요한 것인지 알 수 있을 것이다. 일단 자동차의 구조에 빗대어 지식의 범주를 설명하자면, 일부러 찾지 않으면 잘 볼 수 없는 '엔진룸 지식'과 한눈에 쉽게 알 수 있는 '계기판 지식'으로 구분할 수 있다.

계기판 지식은 전형적으로 관리자들이 사용한다. 예를 들어보자. 자동차를 운전할 때 계기판을 보면 지금 얼마만큼의 속도로 달리고 있는지, 연료는 얼마나 남았는지, 엔진은 얼마나 잘 가동하고 있는지를 알 수 있다. 기업도 이와 마찬가지다. 기업에서도 계기판을 통해서, '판매가 5% 상승할 것이다', '생산성이 떨어질 것이다' 혹은 '프로젝트는 계획대로 진행될 것이다'라는 식의 정보를 얻을 수 있다.

이와는 달리 엔진룸 지식은 특정한 직무나 시간, 장소, 환경 등과 관련된 한정된 지식을 일컫는다. 리더는 계기판 지식을 통해서 업무의 전반적인 과정을 이해하고 업무가 진행되는 광범위한 방향을 파악할 수 있다. 그런 면에서 계기판 지식은 매우 중요하다. 그러나 이것만으로는 충분치 않다. 즉 특정한 상황에서 어떤 조치를 취해야 할 때, 어떤 문제에 대한 개선점을 찾거나 팀 운영을 원활하게 하기 위해 팀 규칙 등을 수립할 때, 계기판 지식은 그다지 도움이 되지 못한다.

이때 당신이 눈여겨봐야 할 것은 오히려 **엔진룸** 지식이다. 그 지식을 통해 당신은 왜 팀의 엔진이 과열됐는지, 왜 업무

방향을 틀게 됐는지, 왜 브레이크를 밟았을 때 즉각적인 반응을 보이지 않는지에 대한 해답을 찾을 수 있다. 이런 지식은 계기판이나 책상머리에서 얻을 수 있는 게 아니다. 이는 실제로 '엔진룸', 즉 현장에서 일하고 있는 사람들을 통해서만 습득할 수 있는 살아 있는 지식이다.

다음의 사례를 눈여겨보자. 아틀라스 컨테이너*Atlas Container* 사는 매우 중요한 사안 중 하나였던 구매 건을 위해 엔진룸 지식을 활용했다. 즉 아틀라스 사의 임원들은 장비 구매 문제를 현장 직원들에게 직접 결정하도록 한 것이다. 약 1백만 달러에 해당하는 비용이 많이 드는 장비 구매 건이었지만, 주저하지 않고 실제로 장비를 사용하는 현장 직원들의 의견을 반영했다. 경합을 벌이고 있었던 몇 개의 업체 중 직원들은 미국산 모델을 점찍었다. 비록 임원들이 선호했던 모델과는 다른 것이었지만 회사는 결국 현장 직원들의 말을 수용했다.

아틀라스 사의 관리자들은 계기판만을 통해서는 절대 엔진룸 지식을 습득할 수 없다는 걸 알고 있었다. 현장의 지식을 알기 위해서는 그곳에서 종사하는 직원들에게 질문을 던

저야 한다. 뿐만 아니라, 질문의 핵심은 경청이라는 것도 알고 있었다. 경청할 의지가 없다면 질문할 필요조차 없다. 경청 없는 질문은 냉소주의만 만들어낼 뿐이다. 귀를 닫고 대답을 요구한다면, 성공적인 경영을 위한 모든 노력은 결국 수포로 돌아갈 것이다.

여기서 마크 트웨인*Mark Twain*의 말을 주목할 필요가 있다. "우리가 듣는 것보다 더 많은 것을 말해야 한다면 입이 2개 있어야 할 것이요, 귀는 하나만 있어도 될 것이다. 그렇지 않은가?" 훌륭한 리더는 타인의 말을 경청하는 데 대화의 반을 할애한다. 만일 당신이 직원들의 말에 귀 기울이지 않는다면, 필연적으로 맹점을 갖게 될 것이다. 즉 리더임에도 불구하고 알 수 없는 사항들이 점점 늘어나게 될 것이다. 더구나 자신이 맹점을 가지고 있는지조차 모른다면 어떻게 될까? 다른 사람들 눈에 그것은 리더의 치명적인 결점으로 보일 것이다.

내가 즐겨보는 어떤 TV 연속극에 이와 비슷한 에피소드가 나온 적이 있었다. 어느 날 갑자기 회사의 직원들이 여사장인 엘레인을 두고 쑥덕대기 시작했다. 그러나 안타깝게도 그녀는 도무지 그 이유를 알 수 없었다. 다만 어찌할 바 몰라 친구인 조지에게 하소연만 할 뿐이었다. 사실 그 사건의 발단은 회사 연말 파티에서 시작됐다. 스스로도 꽤나 춤을 잘 춘다고 생각했던 엘레인은 그날 전 직원 앞에서 자신의 춤 솜씨를 뽐냈다. 그러나 불행히도 '춤'은 엘레인의 커다란 맹점이었다. 그녀의 춤이 대단히 우스꽝스럽고 형편없다는 사실은 그녀만 빼고 모두 다 아는 사실이었다. 특히 그날 회사 파티에서 마루바닥을 이리저리 오고가며 췄던 그 춤은 최악이었다.

그러나 다행히도 엘레인에게는 크레머라는 친구가 있었다. 크레머는 퉁명스럽지만 진실을 말할 줄 아는 친구였다. 단 한마디로 엘레인의 맹점을 일깨워줄 만큼 그녀의 표현은 매우 직설적이었다. "네 춤은 정말 형편없었어!"

이 에피소드로부터 배워야 할 게 있다. 직원들의 이야기에 귀를 기울이라는 것이다. 무엇보다도, 크레머처럼 용기 있게 리더의 맹점을 일깨워주는 직원이 있다면 그의 말에 더 더욱 귀를 기울여야 한다.

성공하는 리더는 팀원과 관계를 잘 맺고자 노력함으로써

자신의 맹점을 없애고자 노력한다. 이것은 아무리 강조해도 지나치지 않다. 왜냐하면 높은 직책에 있을수록 흘러 들어오는 정보들은 필연적으로 여과되기 때문이다. 그만큼 있는 그대로의 정보를 접할 기회가 없다는 얘기다. 물론 이것은 매우 일반적이고 어쩌면 예견된 것일 수도 있다. 그러나 또한 모든 리더들의 위치를 위협하는 현상이기도 하다. 어떤 리더도 '무대 위의 엘레인'이 되고 싶지는 않을 것이다. 그러므로 직책이 높으면 높을수록, 더욱 귀를 열어놓아야 한다.

직원들의 생각이 무엇인지 질문하라. 그리고 그들의 대답을 들어라. 그러면 직원들의 책임감이 한층 높아지고 그것은 결국 성공적인 업무성과를 이끌어낼 것이다.

적절한 질문을 하기 위해 당신이 활용할 수 있는 2가지 증폭요소는 다음과 같다.

▶ 처음부터 끝까지 모든 이야기를 들어라.
▶ '건의함' 밖에서 생각하라.

처음부터 끝까지
모든 이야기를 들어라

리더가 접하게 되는 정보는 모두 어느 정도의 여과과정을 거치게 된다. 따라서 상황을 올바르게 그것도 전부 이해할 수 있는지의 여부는 전적으로 리더의 노력에 달려 있다. 과연 어떻게 이 문제를 풀어나갈 것인가? 리더의 맹점을 최소화하기 위해서는 일단 리더의 의견과 반대되는 조직원들의 의견, 관점, 입장 등을 주의 깊게 살펴봐야 한다. 만일 리더가 조직원들에게서 듣는 대답이 모두 "YES"뿐이라면, 이는 매우 위험한 상황이다. 앞에서 이야기했던 '침묵의 악순환' 이 시작되는 것은 아닌지 의심해봐야 한다. 당신이 반대 의견을 듣게 될 때까지 그냥 기다리지 말라. 적극적으로 찾아나서야 한다.

훌륭한 리더라면 직원들의 목소리를 듣는 데 주저함이 없어야 한다. 뿐만 아니라 어느 장소 어느 시간을 막론하고 언제나 귀를 열어놓아라. 회의석상에서뿐만 아니라, 일대일 대화, 이메일, 심지어 휴게실에서도 직원들의 한마디 한마디에 귀를 기울여야 한다. 그러면서 다음과 같은 질문을 던져라.

▼성공적인 업무수행을 위해 내가 지원해줄 수 있는 게 있습니까?
▼업무를 진행할 때 어려움은 없습니까?
◀당신의 직무에서 가장 좋은 점과 가장 나쁜 점이 있다면 무엇입니까?
◀만일 당신이 일선의 책임자로 일하게 된다면, 어떤 점을 개선해보겠습니까?

모든 상황을 이해하기 위해서는, 질문도 명확해야 한다. 질문이 명확할수록 더 많은 정보를 얻을 수 있을 것이다. 그러면 업무수행에 어떤 문제점이 있는지, 직원들이 그 문제에 대해 적절하게 대처하고 있는지, 새로운 프로젝트를 완수하기 위해 아이디어 계발이 잘 이루어지고 있는지, 회사의 내부적 갈등이 해결됐는지 등에 대해서 알게 된다. 직원들과 대화를 나누기 전 혹은 어떤 해결책에 대한 결론을 내리기 전에, 그보다 우선적으로 해야 할 것은 정보의 습득이다. 가능한 한 모든 입장과 시각들을 수용할 수 있도록 해야 한다. 각종 데이터도 가감 없이 받아들여라. 그래야만 리더로서 직원들의 성공적인 업무수행을 뒷받침할 수 있다.

명확한 질문을 거치면 리더의 힘은 팀의 힘으로 변환되기 시작한다. 리더는 자신의 맹점으로부터 탈출할 수 있고, 직원들의 책임감은 더 높아질 것이다. 명확한 질문이란 다음과 같은 특성을 가지고 있다.

▸ 자유로운 답변이 가능해야 한다. 열린 질문을 던져서 직원들이 충분히 생각하고 책임감 있게 답변할 수 있도록 하라. 답변이 정해진 질문은 금물이다. 그것은 '예' 혹

은 '아니오'란 대답 말고는 할 게 없다. 그럴 경우 직원들의 책임감이 고취되기보다는 오히려 그 모든 책임이 리더의 몫으로 돌아오게 될 것이다. 또한 직원들이 스스로 입을 열어 말하는 게 아니라 리더가 자꾸 여러 가지 질문을 던질 수밖에 없는 상황이 벌어질 것이다.

▶ 구체적으로 하라. 자유로운 답변이 가능하더라도 일반적인 문제에 관한 막연한 질문이라면 그다지 유용한 게 못된다. 가능한 한 세부사항이나 데이터를 놓고 구체적인 질문을 하라. 그래야 당신 팀이 최상의 해답을 찾을 수 있을 것이다.

◀ 해답을 암시하는 질문은 피한다. 미미하게라도 당신이 원하는 대답을 추측하게 하는 것은 위험하다. 질문의 목적은 모든 종류의 정보를 모으는 것이지 리더의 의견을 확인하기 위함이 아니다. 가감 없는 정보의 획득만이 신속하고도 적합한 해결책을 가능하게 한다.

명확하고 구체적인 질문을 던져라. 당신의 목적은 서로 다른 관점, 입장, 의견들을 모으고 받아들이고 종합해서 올바른 결론을 내리는 것이다.

직원의 대답이 마음에 드는지 안 드는지는 결코 중요하지 않다. 리더는 자신과 다른 의견을 제시한 직원도 이해하도록 노력할 수 있어야 한다. 상이한 의견을 경청함으로써 최상의 결론을 도출해낼 수 있기 때문이다.

리더가 습득한 엔진룸 지식이 얼마나 쓸모 있는 것이냐는, 적절한 질문을 제시하는 것 외에 질문을 제시하는 방법, 다시 말해 얼마나 효과적으로 질문하느냐는 것에도 영향을 받는다. 유능한 리더란 질문의 기술과 정보습득의 중요성을 알고 있는 사람이다. 다음과 같은 방식을 사용해 질문하고 정보를 습득해보라.

◀ 한 번에 한 가지 질문만 한다. 여러 가지 질문을 한꺼번에 해도 얻을 수 있는 답변은 하나뿐이다. 다양한 질문을 한다고 해서 각각의 질문에 대한 답변을 다 얻을 수 있는 건 아니다. 보통 당신이 제시했던 질문들 중 한 가지에 대한 답변만 얻을 가능성이 많다. 따라서 일단 한 가지 질문을 던지고 답을 듣고, 또다시 질문을 던지는 방법을 사용하도록 하자.

◀ 중립을 유지한다. 특별히 "왜?"라는 질문을 할 때는 주

의가 필요하다. 목소리의 톤이나 눈빛 혹은 숨소리를 통해 옳고 그름의 판단이나 동의하지 않는다는 감정이 내비칠 수 있기 때문이다.

▶ 인내심을 갖자. 직원들에게는 대답할 시간이 필요하다. 오히려 더 정확한 답변을 하기 위해 자료조사 시간이 필요할 수도 있다. 직원들이 말하는 도중 끼어들고 싶은 유혹도 자제하라. 비록 당신 생각이 옳다고 하더라도, 이런 행동은 업무와 조직에 대한 직원들의 주인의식을 떨어뜨릴 뿐이다. 리더가 해야 할 일은, 자신이 아니라 직원들의 주인의식을 높이는 것이다.

물론 명확한 질문을 던진다는 게 당신이 전적으로 직원들의 생각에 동의한다는 것, 혹은 동의해야 한다는 것을 뜻하지는 않는다. 당신이 목표로 삼아야 할 것은 가능한 한 모든 정보를 습득해서 상황을 충분히 이해하는 것, 그리고 그것을 바탕으로 공정하고도 효과적인 의사결정을 하는 것이다.

직원들은 현장에서 벌어지는 일에 대해 당신에게 솔직하게 말할 수 있어야 한다. 그래야만 당신이 올바른 의사결정을 할 수 있다. 만약 지금까지 당신이 앞의 단계를 잘 따랐

다면 이미 직원들이 권한위임의 과정에 참여하게 됐을 것이
고, 곧 성과에 대한 주인의식도 갖게 될 것이다.

'건의함' 밖에서 생각하라

모든 사람들은 각각의 '아이디어 뱅크'다. 모두의 머릿속에는 아직 다듬어지지 않은 아이디어와 창의성이 듬뿍 담겨있다. 그것들은 지금껏 발견돼서 실용화된 것보다 훨씬 더 많을 뿐만 아니라 기발하기까지 하다. 그러나 안타깝게도 대부분의 직원들이 가지고 있는 아이디어들은 종종 제안에만 머무른다. 심지어 그것들이 실제로 적용되는 경우는 극

히 드물다.

처음부터 끝까지 모든 이야기를 듣는 것에 이어, 직원들에게 상황을 개선시킬 수 있는 아이디어를 묻는 것은 성과를 높이는 최상의 방법이다. 물론 과거에도 직장 내 건의함이라는 게 있었다. 하지만 이것은 책임감, 업무성과를 고취시키는 것과는 전혀 다른 방향으로 이용됐다. 주로 익명성아래 숨어서 불만을 토로하거나 퇴직을 권고하는 장이 되고만 것이다.

1992년 노먼 보덱*Norman Bodek*은 토요타 사의 아이디어 시스템에 관한 책을 펴냈다. 《40년, 2천만 개의 아이디어*40 Years, 20 Million Ideas*》라는 제목으로 출간된 이 책은 토요타 사가 어떻게 매년 직원들로부터 백만여 건에 달하는 아이디어를 모았는지 그 방법을 자세히 적고 있다. 토요타의 아이디어 수집 작업은 10년 넘게 지속됐고 근래에 이르러서는 아이디어 수집비율이 월등히 높아져 매년 직원들로부터 약 3백만 건 이상의 아이디어를 수집하고 있다.

사실 직원들의 아이디어를 보물처럼 다루는 것은 토요타

사뿐만이 아니다. 세계적인 유수의 기업들 역시 토요타 사의 사례를 본받아 매년 수만 건의 아이디어를 자사 직원들로부터 수집하고 있다. 그들은 직원들의 아이디어를 하나의 상품으로 보고, 그 속에서 실행 가능한 아이디어를 찾아 자사의 경쟁력을 높이고자 하는 것이다.

힘의 전환은 단지 건의함을 설치했다고 이루어지는 게 아니다. 직원들의 자발적인 참여 의식이 먼저 이루어져야 한다. 직원들이 스스럼없이 무한한 아이디어와 창의성을 표현하고 제안할 수 있어야 한다. 물론 직원들로부터 나온 아이디어가 처음부터 세련된 것일 수는 없다. 그러나 그것은 충분히 공들여 가꿀 만한 보석이다. 그러한 노력을 기울이지도 않고 우리 회사에는 훌륭한 아이디어맨이 없다고 불평하는 것은 마치 '금광 위에 앉아서 스스로 가난하다고 여기는 것'과 같다.

물론 리더라면 직원들의 수많은 아이디어와 제안들을 처음 접했을 때 '이게 과연 잘될 수 있을까?' 하는 불안감이 들 수 있다. 그럴 땐 어떻게 해야 할까?

그러나 나는 그 질문에 대한 대답을 하기 전에 그보다 더 중요한 사실을 짚고 넘어가려 한다. 우리는 성과를 높이려고 애쓰는 시점에서 왜 아이디어를 모으는 것에 집중해야 하는지 알아야만 한다. 이러한 아이디어를 모으는 작업은 아이디어 그 자체를 위한 것이 아니라 바로 아이디어 '제안'을 위한 것이다. 직원들의 아이디어를 모으는 것 자체가 직원들의 생산성을 높이고, 비용을 절감하고, 속도를 높이며, 낭비를 줄이는 작업이기 때문이다. 그것은 결국 개인과 팀의 성과를 함께 올리는 데 목적이 있다.

물론 그 과정에서 직원들의 책임감도 급속도로 증가할 것이다. 이러한 엔진룸 아이디어들은 궁극적으로 직원들의 업무를 보다 흥미 있고, 효과적이며 진취적인 것으로 만든다. 리더뿐만 아니라 팀원도 비용 절감이나 품질, 서비스 개선, 경쟁력 제고 등의 문제에 관심이 있다는 것을 잊지 말자.

자, 이제 다시 위의 질문으로 돌아가보자. 직원들의 아이디어가 미심쩍을 때 리더는 어떻게 해야 하는가? 그럴 땐 작은 아이디어에 눈을 돌려라. 업무현장에서는 작은 아이디어들이 큰 아이디어들보다 더 큰 힘을 발휘할 수 있다. 왜냐하면 그것은 다음과 같은 특성을 가지고 있기 때문이다.

- 자사에 딱 들어맞고 꼭 필요한 아이디어들이 많다. 우리의 특정한 상황에만 관련된 것이므로 지속적인 경쟁력이 있다. 당신의 경쟁자들이 큰 아이디어에만 눈독을 들이도록 내버려둬라. 그동안 당신은 수천 개의 작은 아이디어를 수집하면 된다.
- 경영의 세부적인 사항들에 초점을 맞출 수 있다. 세부사항들을 알고 이를 올바르게 이해하는 것이야말로 최고의 방법이다. 많은 경우, 작은 아이디어들이 밑바탕이 되지 않고서는 특정한 수준 이상의 경영성과, 즉 업무처리속도, 서비스, 품질, 비용절감 등을 높이거나 개선할 수 없다.
- 아이디어의 가치를 존중하는 회사문화를 만들 수 있다. 아이디어는 어떤 것이든 나름대로 장점을 지닌다. 그리고 그것은 아이디어를 낸 사람들, 즉 직원들 개개인에 대한 존중으로 이어진다. 결국 모든 직원들이 회사에 대한 애정과 주인의식을 갖는 문화가 확보되는 것이다.
- 신속하고 체계적인 조직 차원의 학습이 가능해진다. 직원들의 체계적인 학습이야말로 업무성과 개선을 위한

기본적인 토양이다.

큰 아이디어의 원천이다. 3M 사의 대표상품 포스트잇 *Post it* 메모지는 보다 나은 품질의 접착제를 만드는 과정에서 탄생했다는 사실을 잊지 마라.

다음은 작은 아이디어들의 예다. '만일 사내에서 주고받는 팩스에서 표지를 없앤다면 한 달에 대략 150장의 종이를 절약할 수 있을 것이다', '운전기사가 화물을 내리기 위해 체크하는 시간이 만만치 않다. 그 시간 동안 내가 트럭을 청소한다면 빨리 화물을 내려 놓고 물류창고로 이동할 수 있을 것이다', '보고서 내용 중에서 중요사항을 형광펜으로 표시 한다면, 팀장님이나 다른 임원들이 빠르게 보고서의 내용을 파악할 수 있을 것이다.' 이와 같은 작은 아이디어들은 일상의 업무처리 과정에서 충분히 생각해낼 수 있다.

유능한 리더는 아이디어의 질이 아니라 양을 중요시한다. 아이디어의 계발이 번외적인 일이 아니라 아예 직원 직무의 일부분이 될 수 있도록 만들라. 그리고 제시한 아이디어를 가장 잘 수행할 수 있는 방법을 찾도록 직원들에게 구체적이고도 명쾌한 질문을 던져라.

당신이 필요한 아이디어를 팀원에게서 구하라. 특정 기간, 즉 이번 주나, 이번 달, 혹은 이번 분기에 특별히 관심이 가는 분야가 있다면 그것을 위해 팀원들에게 아이디어를 구하라. 그러나 가장 좋은 것은 다음 8가지 업무의 방해꾼을 없애는 데서 시작하는 것이다. 이것들은 회사의 이윤을 막는 방해꾼들이다.

- 결함 (잘못된 정보나 불완전한 정보, 재작업)
- 재고목록 (일괄처리, 절차상 과도한 오더)
- 업무처리 (불필요한 공정 및 세부사항)
- 지연 (재료, 정보, 작업도구 등이 준비되지 못함)
- 동작 (선정, 조사, 회수, 저장)
- 운반 (우편, 팩스, 이동, 보행)
- 잉여 생산 (일정보다 빠른 완료, 다음 작업 단계를 앞지름)
- 직원들의 재능을 활용하지 않음 (피해야 할 최악의 항목)

아이디어는 마치 현금과 같다. 당신은 아이디어로 직원들의 책임감을 살 수 있다. 팀원의 책임감에 투자하면 곧이어 당신의 조직은 놀랄 만한 성과를 얻게 될 것이다!

▌힘이란 무엇인가?

힘의 전환의 두번째 단계 : 적절한 질문을 던지고 경청해라.

증폭요소 • 처음부터 끝까지 모든 이야기를 들어라.

　　　　　 • '건의함' 밖에서 생각하라.

두번째 단계에서 보이는 직원의 책임감 수준 : 중

두번째 단계에서 보이는 직원의 반응 : 참여

"좋은 아이디어란 일반적이다. 다만 그 아이디어를 발굴하기 위해 노력하는 사람은 일반적이지 않다."

애쉬레이 브릴리언트 *Ashleigh Brilliant*, 풍자 만화가

참여의 힘 : 당신의 전문가들을 참여시켜라

"누군가를 돕는 최고의 방법은 그 사람에게 책임감을 부여하고,
당신이 그를 신뢰하고 있다는 것을 표현하는 것이다."
부커 T. 워싱턴*Booker T. Washington*

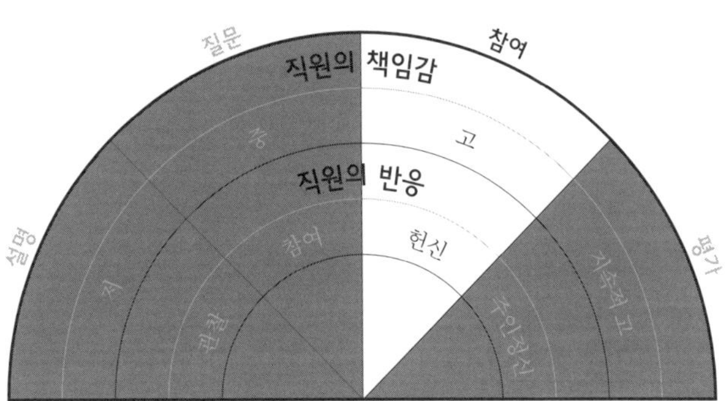

질문
참여
직원의 책임감
중
고
설명
직원의 반응
참여
헌신
관계
주인정신
지수계 고
평가

지금까지의 과정을 제대로 따랐던 리더라면, 이제 직원들에게 적절한 질문을 던져 그들의 참여를 유도하여 일방통행적인 정보교환이 아니라 쌍방향의 정보교환을 하고 있을 것이다. 힘의 전환을 지속하기 위해서는 직원들이 스스로 자신의 업무와 프로젝트를 개선하고 개발하도록 유도하라. 직원들의 아이디어를 적극 수용하라. 문제에 대한 해결책을 찾는데 직원들을 참여시켜라. 개선이 필요한 분야를 발굴하고 성장할 수 있는 기회를 개발하도록 하라.

다음 단계는 현장에서 일하는 직원들, 즉 그 분야의 전문가들을 직접 업무문제 해결에 참여시키는 것이다. 비용의 절감, 고객 서비스의 신속한 처리, 타부서와의 원활한 업무협의 등 일선 직원들이 직접 참여할 수 있는 분야는 많다. 직접적인 참여를 통해 직원들은 직무에 대한 책임감을 높이고, 업무에 헌신적으로 임할 것이다.

사람들은 창의력을 발휘할 수 있는 일에 최선을 다한다. 직원들의 참여를 권장하라. 그러면 직원들은 새로운 사안에 능동적으로 대처할 것이고 그 와중에 그들의 문제 해결능력도 높아질 것이다. 직원들에게 문제점과 함께 그에 대한 해결책을 함께 요구하라. 일단 책임감을 갖게 되면 절대 문제를 회피하거나 감추려 들지 않을 것이다.

훌륭한 리더들조차도 때때로 이러한 두려움에 사로잡힌다. '직원들이 잘할 수 있을까? 문제해결 과정에 참여시키는 게 바람직할까? 상황을 오히려 더 어렵게 만드는 건 아닐까?' 아마도 그들은 어떻게 팀의 목표를 이룰 것인가에 대한 통제력까지 잃어버릴지 모른다고 생각한다.

그러나 훌륭한 리더는 문제를 해결할 수 있는 여러 효과적인 방법이 있다는 것을 잘 안다. 직원들의 참여를 권장함으로써 그들의 주인의식을 고취시키고, 그것을 통해서 얻을 수 있는 것은, 통제력을 잃었다고 생각하는 리더의 고민을 없애주기에 충분하다. 그것은 리더에게도 큰 힘이 된다.

직원들이 직접 업무에 참여하면, 더 이상 리더 혼자서 큰 책임을 지지 않아도 된다. 각 사안에 연결된 일들은 개개인이 책임을 지게 된다. 여기서 조와 린 두 직원의 대화 내용을 살펴보도록 하자.

조   이봐, 린! 나는 우리 팀장님이 왜 저러시는지 모르겠
      어. 우리가 통제할 수 있는 게 아무것도 없잖아. 우리
      는 아무짝에도 쓸모없는 것 같다니까. 도대체 무엇을
      해야 할지 아는 사람이 없단 말이야. 그러다보니 팀
      분위기도 엉망이고.
린   그래. 나도 알아. 팀장님과는 이야기해봤어?
조   음, 그게 말이야. 팀장님은 항상 같은 질문만 하시잖
      아. 난 그게 싫거든.

  '직원들의 참여'를 중요하게 생각하는 팀이라면, 그래서
지금껏 우리가 익혀온 2가지 증폭요소를 적용했던 팀이라
면, 직원들 간에 이런 식의 대화는 없을 것이다.

▶ 직원들의 아이디어를 효율적으로 활용하라.
▶ 배우기 위해 가르쳐라.

누가 맞는가가 중요한 게 아니다. 무엇이 맞는가가 중요하다.

직원들의 아이디어를 효율적으로 활용하라

성공적인 업무수행을 위해 팀원들을 프로젝트에 참여시켜라. 그러나 그 과정에서 의도와는 다르게 부정적인 결과가 나올 수 있다는 것도 알아야 한다. 좋은 의도에서 직장 내 제안함을 설치했더라도 그것이 의도와는 다르게 '불평함'이 될 수도 있는 것처럼 말이다. 이와 마찬가지로 성공을 위한 사다리는 자칫 관료주의라는 장애물을 만들어낼 수도 있다. 그러니 항상 당신의 목적지를 잊지 말라. 당신의 목적지는 아이디어를 행동으로 옮기고 참여를 통해 성공적인 결과를 만들어내는 것이다.

이를 달성하기 위해서는, 팀이 직접 아이디어를 제안하고 스스로 그것을 실행에 옮길 수 있도록 권한을 부여하는 '능률적 성공' 과정이 필요하다. 이러한 과정을 통하면 책임감의 문화가 정착된다. 어떠한 변명도 할 수 없게 되기 때문이다.

토요타 사의 사례를 다시 한 번 살펴보자. 매년 토요타의 사원들은 백만 건 이상의 아이디어를 발굴하고 실행에 옮겼다. 이로써 토요타는 매년 3억 달러 이상의 비용을 절감할 수 있었다. 실제로 이 모든 아이디어들은 일선 직원들에게서 나왔고, 직접 그들이 실행했다. 토요타 사원들의 대다수가 반복적인 작업 업무를 맡고 있지만 스스로 책임감을 가지고 업무환경 개선 및 성과확대를 위한 아이디어 발굴에 열성을 보였다.

문제점과 개선책을 정의하고, 그에 대한 해결과 평가 또한 일선 직원들이 직접 할 수 있도록 하라. 이들이야말로 각각의 업무에서 최고의 전문가다. 회사는 직원들에게 문제해결 방법을 종용해서는 안 된다. 오히려 현장에서 일하는 직원들이 책임감을 가지고 결과를 도출해낼 수 있도록 분위기를 조성해야 한다. 도로에 직접 닿는 것은 운전자나 차가 아니라 타이어라는 것을 명심하라. 윗선에서 빨리 해결책을 내놓으라고 재촉하면 그저 하라니까 한다는 마음에서 책임감 없이 일을 진행할 것이다.

미국 자동차 회사의 빅3 중 하나인 다임러크라이슬러 *DaimlerChrysler* 사가 토요타 사에 의해 곧 추월당하리라는 예측은 놀라운 게 아니었다. 토요타가 전례 없는 점유율을 기록하며 미국 내 자동차시장을 석권할 수 있었던 것도, 바로 아이디어와 책임감의 문화 덕분이었다.

10여 년 전, 토요타의 성공사례에 고무된 미국의 자동차 부품 생산업체 다나 *Dana* 사의 CEO는 8만여 명의 직원들에게 매달 창의적 아이디어를 두 건씩 제출토록 지시했다. 그리고 수합된 아이디어들 중 80퍼센트를 실행에 옮겼다. 10년이 넘는 기간 동안 다나 사원들은 매년 2백만여 건의 아이디어를 실행했으며 2십억 달러 이상을 절감할 수 있었다. 그리고 지금도 다나 사는 이러한 문화를 유지해나가고 있다. 또한 2003년 일본의 자동차 회사 스바루*Subaru*는 매년 평균 108건의 아이디어를 실행했고 3천 9백만 달러를 절감할 수 있었다. 이는 직원 1인당 약 5천 달러의 절감효과를 본 셈이다.

이토록 놀라운 결과는 어디서 온 것일까? 임직원들의 승인 절차가 필요했을까? 임원 회의의 의결사항이 필요했을까? 아니다. 이것이 바로 '효율적 성취'가 가져다준 결과다.

그렇다면 이와 같은 효과를 당신 팀 내에서도 올릴 수 있을까? 물론이다. 다음의 내용을 잘 읽고 실제 행동으로 옮긴다면 가능하다. 힘의 전환을 통해 높은 성과를 올리는 팀은 다음과 같은 원칙들을 '효율적 성취'에 적용시킨다.

- 아이디어를 발굴하는 것은 모든 직원들의 권한이자 의무다.
- 아이디어 제출은 결코 어려운 일이 아니다.
- 엔진룸 지식을 통해 아이디어를 검토한다. 즉 제시된 아

이디어와 밀접한 관련이 있는 사람이 직접 검토에 참여
한다.
▼ 각각의 아이디어들에 대해서 신속하고도 효과적인 결정
을 내린다.
▲ 아이디어를 제시한 직원에 대한 피드백 역시 신속하게
이루어져야 한다. 그러나 대부분 아이디어를 제시한 직
원이 직접 수행에 참여하기 때문에, 피드백은 즉각적으
로 일어날 수밖에 없다.
◀ 제안된 아이디어는 가능한 한 즉각 수행되도록 한다.
▶ 아이디어의 수행 과정은 비공식적인 방법을 통해서라도
항상 관리하며 개선할 수 있도록 해야 한다.

이러한 단순한 원칙들을 통해서, 우리는 작은 아이디어들
을 어떻게 수합하고 활용할지 알 수 있다. 이들 원칙을 따르
면 일상적인 의사결정 및 사안에 대해 보다 효과적인 정책
결정이 가능해진다.

이제 다음의 '아이디어 탐사자' 양식을 살펴보도록 하자.
이는 힘의 전환 과정을 보다 효율적이고 단순명료하게 설명
해준다. 아이디어를 모아야겠다는 의도와는 다르게 아이디

어 제시자의 책임감을 요구하지도 않고 아이디어 수합자가 제시자에게 즉각 피드백도 줄 수 없는 다른 여타의 방식은 버리도록 한다. 지금부터 천천히 다음에 나오는 '아이디어 탐사자'를 살펴보도록 하자. 이것을 따른다면 당신 팀은 근본적으로 변화할 수 있다.

'아이디어 탐사자'는 직원들에게 목표를 설정해주는 것으로 시작한다. 예를 들어 한 달에 한 번 작은 아이디어를 내도록 규칙을 정한다. 처음에는 효율적 성취의 장점을 최대한 활용하는 것에 초점을 맞춘다. 그 과정을 통해서 직원들의 자발적인 참여를 이끌어냈다면 팀은 추진력을 얻게 될 것이고 작업환경은 열정적으로 바뀔 것이다.

물론 기억할 것은 당신과 당신 팀이 다루고 있는 것은 작은 아이디어들이라는 사실이다. 따라서 천천히 한 걸음씩 진행하도록 해야 한다. '효율적 성취'를 통해 작은 아이디어들이 빛을 발하게 되면, 비로소 큰 아이디어를 얻게 될 것이다. 물론 그 결과는 당신과 팀을 성공으로 한 걸음 더 이끌어준다.

우리 팀의 아이디어 탐사자

제안자	아이디어	중요성	수행자
도나	계단에 걸려 넘어지는 일을 막도록 우편함 입구 계단에 노란 테이프를 붙여서 주의를 주자.	상	도나
제이	회의에 필요한 자료들을 미리 챙겨, 갖고 다니기 쉽게 상자에 넣어두자. 이렇게 하면 외부에서 회의가 있을 때도 갖고 갈 수 있고, 호텔 등에서 이런 물품을 빌리지 않아도 된다. 지난해 호텔에서 물품대여비로 1,500달러를 지출했다.	상	제이
로즈	종이 절감을 위해 팩스를 각 부서 부서장의 PC에 연결시켜놓자. 그러면 팩스로 도착하는 문서를 파일로 받아서 필요한 경우에만 출력하면 된다. 평균적으로 우리 회사는 한 달에 3페이지 분량의 팩스 100여 통을 수신하고 있다. 그러나 실제로 수신되는 팩스 중 출력할 만한 것은 대략 절반 정도밖에 되지 않는다.	중	피트

빌	주문서 확인에 필요한 계좌 코드를 인트라넷에 게시하자. 그러면 매니저가 정확히 주문서를 확인할 수 있고, 그렇게 되면 신속하게 업무가 처리돼, 주요 거래처에 대한 대금 납부가 지연되지 않도록 할 수 있다. 현재 정정을 요구하거나 되돌아오는 주문서가 총 주문서의 50%에 달한다. 이를 처리해서 주문서를 다시 발송하는 데는 약 3일의 추가기간이 소요된다.	상	제이
피트	창고의 문이 종종 열려 있는 것을 볼 수 있다. 문에 스프링 장치만 해놓아도 문이 열렸다가 시간이 지나면 자연히 닫힐 것이다. 영수증을 안전하게 보관하고 안전을 위해서도 이 장치가 필요하다.	하	피트

복잡함은 당신과 성공 사이에 미로를 만들어놓는다. 그러나 단순함은 뚜렷한 관점을 제시한다.

가르치면서 배워라

유능한 리더는 다른 사람을 교육하면서 자신의 책임감과 업무성과도 올린다. '다른 사람들을 가르치면서 스스로 배운다'는 격언처럼 리더는 팀을 교육하는 과정을 통해 스스로 배울 수 있다.

평균적으로 사람들이 500에서 700가지의 서로 다른 기술이나 능력을 보유하고 있다는 사실을 아는가? 부하 직원들에게 핵심적인 기술을 교육시켜라. 예를 들어, 민첩한 업무 처리, 데이터 수집, 문제점 확인, 문제점 해결, 커뮤니케이션 등을 가르칠 수 있을 것이다.

일단 민첩한 업무수행의 기술 먼저 살펴보도록 하자. 이 기술은 수많은 엔진룸 아이디어를 수집하는 데 매우 필요하기 때문이다.

사람들은 어떤 문제에 대해 인식하게 됐을 때, 그 문제에 대해 더 많이 알고자 하는 특성을 보인다. 회사 내의 문젯거리나, 비용절감에 관련된 사항, 반응패턴 등처럼 사람들은 이런 사항들을 인식하는 순간 지적 호기심을 발동시킨다. 이를 '하얀 자동차 현상'이라고 이름 붙여보자.

당신이 하얀 자동차를 마지막으로 보았던 때는 언제인가? 아마도 당신은 거의 매일 한 번씩은 하얀 자동차를 봤을 것이고 물론 앞으로도 그럴 것이다. 자, 그럼 이제 다음주부터 당신이 보게 되는 하얀 자동차가 몇 대인지 기록해보자. 그럼 곧 알게 될 것이다. 흰색 차에 대해 의식하는 순간부터 과거보다 훨씬 더 많은 흰색 차들을 찾아낼 수 있다는 것을.

예전보다 하얀 차가 많아졌기 때문일까? 물론 아니다. 그저 당신의 인식체제가 좀더 예민해졌기 때문이다.

직원들도 마찬가지다. 그렇기 때문에 당신은 직원들이 업무나 프로젝트, 직장환경 등에 대해 관심을 가지도록 끊임없이 격려해야 한다. 예외적인 사항에 주의를 기울이고, 자신의 생각이나 관찰한 것들을 기록으로 남기도록 하며, 항상 문제점을 개발하고 해결책을 발굴하는 데 노력을 아끼지 않게 도와줘야 한다.

직원들의 주의력과 관심을 환기시키는 또 다른 방법이 있다. 그들에게 새로운 경험거리를 제공해보자. 이를 통해 팀원들은 시야를 넓히고 사고의 깊이를 더할 수 있으며, 새로운 지식을 쌓게 될 것이다. 여기에 다음과 같은 방법들이 나와 있다.

- 다른 업무로의 직무교체
- 독서 그룹
- 전문적인 지식을 위한 모임 결성
- 복합적 기능의 팀 신설

▼ 타 산업의 벤치마킹

▼ 경영 관련 프레젠테이션

▼ 동료들에 대한 교육 수행 (자신이 얼마나 학습됐는지 알아
보는 가장 좋은 방법은 다른 사람들을 교육시키는 것이다)

이 모든 것들이 대단히 훌륭한 교육의 도구다. 그러나 절
대 잊지 말아야 할 것이 있다. 당신의 직원들은 가장 많은
것을 바로 '리더'로부터 배운다는 사실이다. 잊지 말라! 학
습의 원천은 바로 리더다!

직원들과 함께 당신의 경험을 공유하도록 하라. 당신의
경험은 직원들이 업무를 처리하는 과정에서 중요한 학습 자
료가 된다. 프로젝트가 끝난 뒤 피드백을 주고받는 과정에
서, 고객들과의 회의에서, 다른 부서와 갈등이 벌어졌을 때,
우선순위를 변경할 때, 커뮤니케이션에 오류가 발생했을
때, 업무 처리에 실수가 발생했을 때를 학습의 기회로 활용
하라. 이럴 때 당신은 당신이 가진 경험을 최대한 활용해 팀
을 교육시킬 수 있다. 그런 기회를 절대로 놓치지 말라. 그
과정에서 당신도 학습의 기회를 갖게 될 것이기 때문이다.

다섯 가지의 '왜'라는 질문은 학습의 주요한 도구가 된다. 이것은 매우 간단하면서도 여전히 효과적이다. 이 도구를 활용함으로써 팀원들은 스스로 자신의 단점과 장점을 발견하고 학습할 수 있다. 팀의 효율성을 갉아먹는 근본적인 문제를 찾고 있다면 이 방식을 활용하도록 하라. 또한 이 '왜'라는 리스트는 당신의 경영방식 중 특정 부분에 대한 인과관계를 규명할 때도 적절히 활용할 수 있을 것이다.

다음의 가정을 살펴보자. 당신의 팀은 매달 업무 마감일을 어기는 문제로 골머리를 앓고 있다. 이제는 더 이상 방치할 수 없는 상황이다. 그래서 이 문제의 근본적인 원인을 찾기 위해 아이디어를 모으고 있는데 이때 5가지의 '왜' 질문 리스트를 사용하기로 했다.

▶ 왜 매달 마감일을 어기게 되는가?
－왜냐하면 주문서가 제때 처리되지 못했기 때문이다.
▶ 왜 주문서가 지연되는가?
－왜냐하면 매월 말일에 임박해서야 각 부서로부터 수많은 주문서가 수령되기 때문이다.
▶ 왜 그 많은 주문서를 매월 말일에 임박해서 수령하는가?

－왜냐하면 대부분의 주문서들이 회사 각 부서 관리자들
의 결재를 필요로 하기 때문이다.

◀ 왜 우리 회사의 관리자들은 주문서 결재를 신속히 처리
하지 않는가?

－왜냐하면 각 주문서에 정해진 계좌 코드의 목록이 있어
야 관리자들이 결재할 수 있기 때문이다.

◀ 왜 관리자들은 계좌 코드의 목록을 모르는가?

－왜냐하면 올해 초 인트라넷에 계좌 코드 목록을 게시하
지 않았기 때문이다.

위의 예에서 5가지 '왜'라는 질문을 통해 상황을 객관적
으로 분석했던 것처럼, 이 질문 리스트를 사용하면 보다 신
속하게 문제의 핵심에 접근할 수 있다. 뿐만 아니라 실제 현
장에서 벌어지고 있는 사항에 대해서도 정확히 파악할 수
있다.

'왜'라는 질문을 통해서 변명의 여지를 없앨 수 있으며
책임감도 높일 수 있다. 그러나 이 도구를 책망의 올가미로
사용해서는 안 된다. 이 리스트는 당신과 팀원들이 함께 학
습하고 해결책을 찾아나가기 위한 학습도구다.

유능한 리더는 또한 훌륭한 스승이기도 하다. 바꾸어 말하면, 훌륭한 스승은 또한 우수한 학생이라고도 할 수 있다. 교육을 통해 팀원들을 학습시키고 스스로도 학습하라. 그러면 당신은 팀의 성과를 한층 높일 수 있을 것이다.

▌ 힘이란 무엇인가?

힘의 전환의 세번째 단계 : 당신의 전문가들을 참여시켜라.

증폭요소 • 직원들의 아이디어를 효율적으로 활용하라.

       • 가르치면서 배워라.

세번째 단계에서 보이는 직원의 책임감 수준 : 고

세번째 단계에서 보이는 직원의 반응 : 헌신

"당신이 주의를 기울이기만 하면, 매일 새로운 것을 배울 수 있다."

  레이 르블론드*Ray LeBlond*

평가의 힘 : 성과와 사람에 대해 감사하라

사람들은 당신의 말을 곧 잊어버릴 것이다. 당신이 행한 것도 곧 잊어버릴 것이다.
그러나 당신이 그들에게 느끼도록 한 것은 결코 잊지 않을 것이다.

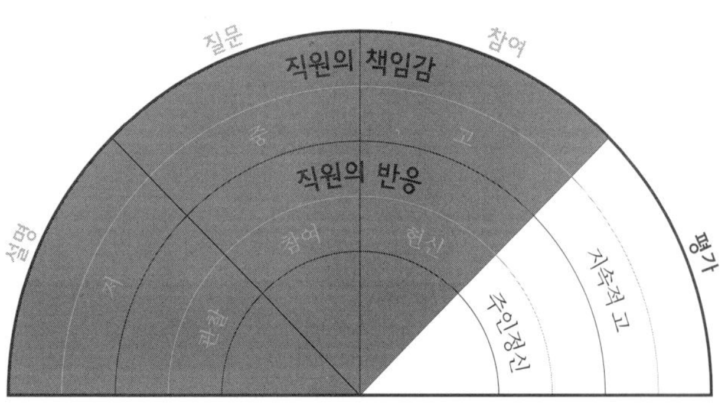
질문
참여
설명
평가
직원의 책임감
직원의 반응
중
고
참여
헌신
주인정신
지속적 고

심리학의 아버지 윌리엄 제임스*William James*의 말에 따르면, 인간이 가지고 있는 가장 기본적인 욕구 중 하나가 자신의 존재 가치를 확인받고자 하는 것이라고 한다. 많은 연구들이 이 명제의 타당성을 뒷받침해주고 있다. 이러한 상황은 직장에서도 마찬가지다. 추측해보라. 직원들이 가장 원하는 것은 무엇일까? 높은 연봉? 안정된 위치? 따뜻한 관심? 물론 모두 맞는 말이다. 그러나 그것들보다 앞서는 가장 핵심적인 요소는 따로 있다. 그것은 바로 '타당한 평가'다. 직원들은 자신의 업적에 대해 올바른 평가를 받고 싶어 하고, 실제로 그러한 느낌을 받고 싶어 한다. 어떠한 성향을 지닌 사람이든 사람은 자신의 가치를 알아주는 사람을 위해서 헌신하는 법이다.

이처럼 리더와 직원 사이의 힘의 전환은 직원들의 실적을 적절히 평가하고 기여도 및 성과를 인정하는 것으로 완성된다. 리더가 직원에게 올바른 평가를 하면 할수록 직원의 책임감은 더욱 높아질 뿐만 아니라 지속적으로 유지된다. 사람이란 자신의 가치가 올바로 평가받고 있을 때, 혹은 그렇다고 느낄 때 더 헌신적으로 일에 몰두하며 더 좋은 성과를 내려고 애쓰기 때문이다. 그 과정에서 자연히 직원들은 자신이 마치 회사의 주인이 된 것처럼 책임감을 갖게 된다. 그렇게만 되면 당신은 직원들이 자유로운 재량권을 가지면서 스스로 열정을 다해 일하는 장면을 목격하게 될 것이다.

어떤 리더라도 직원들에 대한 적절한 평가가 중요하다는 사실은 잘 알고 있다. 그러나 안타깝게도 그것이 종종 리더의 맹점이 되는 경우가 잦다. 즉 많은 리더들이 자신은 충분히 직원들을 알고 있으며, 심지어 직원들이 기대하는 것보다 더 과분하게 평가하고 있다고 생각하기 때문이다.

다음 사례는 이 맹점에 관한 연구결과다. 이 연구는 현장 종사자 1만 명을 대상으로 진행됐다. 일단 직원들에게 10가지 직무와 관련된 가치들 중 가장 중요한 것에서부터 덜 중요한 것까지 순위를 매기도록 했다. 그와 동시에 리더들에게는 직원들이 과연 어떤 가치별로 순위를 매길 것인지 예상해보도록 했다. 그리고 그 결과 두 집단 간의 순위가 현저하게 다르다는 것을 발견했다. 현장 종사자들은 성과에 대한 적절한 평가를 1위로 꼽았고, 업무에 대한 참여를 2위로 꼽았던 반면, 리더들의 생각은 달랐다. 그들은 직원들이 1, 2위로 꼽았던 항목을 각각 8위와 10위에 올렸던 것이다. 리더들은 실제 직원들이 가장 중요하게 생각하고 있는 것마저 파악하지 못했던 셈이다. 이를 통해 리더들이 가지고 있는 커다란 맹점이 드러나게 됐다.

우리는 종종 혼잣말로 이렇게 말하곤 한다. "이런! 내가 론에게 말하고자 했던 것은 이게 아닌데. 론이 정말 훌륭하게 일을 처리했다고 말해주고 싶었는데." 또는 이런 식으로 말하기도 한다. "애매하게 됐네. 마지막 프로젝트에 재키가 좀더 적극적으로 참여할 수 있게 기회를 주려던 것이었는데 말이야." 우리는 자신의 의도에 따라 스스로를 판단하지만, 타인은 우리가 실제로 취한 행동에 따라 우리를 판단한다.

그렇기 때문에 리더의 인식과 직원들의 인식 사이에는 항상 간극이 존재하게 마련이다. 리더는 직원 개개인을 적절하게 평가했다고 생각하지만, 실제로 직원들은 리더의 행동을 기준으로 그 의도를 파악하기 때문에 충분히 다른 식으로 받아들일 수 있다. 따라서 직원과 성과를 적절히 평가하는 것은 항상 어떤 문제의 처리보다 선행돼야 한다. 그것은 시간이 없다고 해서 그냥 지나칠 수 있는 게 아니며, 의도가 좋았다고 해도 실제 행동으로 그 의도가 드러나지 못하면

안 한 것만 못하다.

　다음의 2가지 증폭요소는 성과와 사람에 대해 감사할 수 있도록 도와줄 것이다.

▶ 결정적인 순간을 창조하라.
▶ 단순히 직원이 아닌 인간으로서 파악하라.

"불꽃을 일으켜 실린더를 움직이지 못한다면 자동차는 결코 달릴 수 없다. 따라서 나는 우리 팀에 속한 모든 직원들이 그 불꽃과 같은 역할을 하고 있음을 알게 해줄 것이다. 그들이 있기에 우리 팀이 움직이고 있다는 사실을 인식시킬 것이다. 우리 팀의 성공은 직원 개개인의 어깨에 달려 있다."
크누트 로크니 *Knute Rockne*

결정적인 순간을 창조하라

노벨상 수상자 다니엘 카네만*Daniel Kahneman*에 의하면,
인간은 깨어 있는 하루 동안 약 2만여 건의 개별적인 사건
들을 경험하게 된다고 한다. 각각의 '사건들'은 단 몇 초가
량만 지속된다. 자 이제 당신의 기억 중에 가장 명확하게 각
인되어 있는 것을 떠올려보자. 긍정적인 것도 좋고, 부정적
인 것도 좋다. 그러면 당신은 곧 놀라운 사실을 발견하게 될

것이다. 즉 특정한 사건이나 어떤 시간, 어떤 장소를 떠올림으로써 그때 겪었던 모든 사건들을 기억할 수 있다는 것이다. 이것은 우리에게 뭘 말해주는가? 단 한 번의 사건으로 당신의 인생이 송두리째 바뀔 수도 있다는 얘기다. 다시 자신에게 결정적이었던 순간을 생각해보라. 과연 그것이 말 그대로 '순간' 이었는가?

리더로서 당신의 역할은 매우 중요하면서도 팀과 성과에 막대한 영향을 끼친다. 당신에게는 어느 누구도 쉽게 가질 수 없는 능력이 있다. 바로 '결정적 순간의 창조' 인 것이다. 리더는 매일 매일 직원들에게 결정적인 순간을 만들어줄 수 있다. 결정적 순간을 창조할 수 있는 기회는 리더에게만 주어진 힘이다.

직원들의 성과를 적절하게 평가하고 그 가치를 인정하면 직원들은 회사에 대해 주인의식을 갖게 된다. 해리스 폴 *Harris Poll* 여론조사기관에 따르면, 사원들의 65퍼센트가 지난해 자신의 성과가 제대로 인정받지 못했다고 생각한다고 한다. 이 사실을 뒤집어 보면 다음과 같은 가능성을 찾아볼 수 있다. '당신은 리더로서의 역량을 발휘해 이러한 상황

을 바꿀 수 있다. 그 가능성은 무궁무진하다.'

당신이 팀의 노고와 성과를 존중하고 있다는 것을 표현하라. 매 순간 이를 실천할 수 있도록 노력하라. 이것은 심리학의 기본이다. 어떤 일을 자주 행할수록 그 일을 더 잘할 수 있게 되는 법이다. 어떤 일을 올바르게 처리하기를 원한다면, 그저 그 일을 자주 하면 되는 것이다.

여론조사기관 갤럽*Gallup* 사의 사장이었던 도널드 클리프턴*Donald Clifton*의 연구는 우리에게 매우 흥미로운 결과를 보여준다. 긍정적인 상호작용과 부정적인 상호작용의 비율이 적어도 3:1 정도가 되는 작업그룹이 그보다 그 비율이 낮은 작업그룹보다 훨씬 더 큰 생산성을 보인다는 것이다 (결혼생활의 경우에는 5:1이 황금률이다). 당신 팀의 비율은 어떤가? 1:1인가, 3:1인가, 아니면 5:1이나 10:1인가?

일주일 정도 자신의 팀을 관찰해보고 그 비율이 어떻게 되는지 알아보자. 그리고 당신이 직원들을 적절하게 평가하고 있는지도 살펴보자. 직원들을 너무 자주 칭찬하고 너무 과하게 평가하는 건 아닐까 걱정하고 있다면 일단 접어두

라. 일반기업 사원을 대상으로 한 조사나 혹은 다른 동등한 집단에 대한 조사에서도, '과도하게 높은 평가를 받고 있다'는 불만이 접수된 적은 단 한 번도 없었기 때문이다.

더 좋은 소식은 당신이 이러한 평가를 완벽하게 통제할 수 있다는 사실이다. 예산이 필요한 일도 아니고 해명을 해야 할 필요도 없다. 말 그대로 결정적인 순간을 창조하는 방법은 무궁무진하다. 여기에 몇 가지 예가 나와 있다.

- '고맙다'는 표현에 인색하지 말라. 실제로 이 한 마디 말은 다른 사람의 존재 가치를 평가하는 가장 명백한 표현이지만 대부분 생략되는 경우가 많다.
- 직원이 직접 자신의 업무 성과를 사장에게 보고할 수 있도록 하라. 이는 직원의 참여를 유도할 수 있는 가장 확실한 방법이자, 당신이 어떤 팀장인지 사장에게 보여줄 수 있는 기회가 되기도 한다.
- 팀원들이 직접 수행할 프로젝트를 선택할 수 있도록 하라. 자신이 직접 선택한 프로젝트에 임할 때, 직원들은 혼신을 다해 그것에 매달리게 된다.
- 회사나 부서의 사보가 있다면, 지면을 할애해 진심어린

감사의 말을 실어라. 이 일에는 단지 몇 분의 시간이 소요될 뿐이다. 그렇지만 그 효과는 정말 대단하다. 당신의 이러한 노력은, 장기적으로 직원들의 헌신도를 높여 회사에 큰 성과와 가치를 만들어낼 것이다.

▼ 실무진 회의에서 직원들의 업무수행 및 그 성과에 대해 이야기하라. 당신이 이야기하면, 모두 흥미를 가질 것이며 그 뜻을 숙지하고자 할 것이다. 또한 모두가 기억하게 될 것이다.

▼ 직원과 점심식사를 함께하는 시간을 가져라. 이 자리를 통해 당신은 자신이 직원의 성과를 적절히 평가하고 있음을 보여줄 수 있다. 물론 이때도 말하기보다는 직원의 말을 경청하는 게 좋다.

성과에 대한 적절한 평가와 이에 대한 실시간 피드백을 통해, 당신은 앞선 3가지 권한위임의 단계에서 행했던 모든 것들을 더욱 공고히 할 수 있을 것이다.

결정적 순간들이 모이면, 당신 팀의 성공적인 이력을 만드는 핵심요소가 마련될 것이다. 말하자면, 일종의 신화를 만들게 되는 것이다. 이 신화는 다른 곳에도 알려질 것이며,

결국 팀원들의 책임감과 성과를 고취시키는 성공적인 기업 문화로 정착될 것이다.

"숨 쉬고 있다고 해서 다 살아 있다고 느끼는 것은 아니다. 오히려 숨을 제대로 쉴 수 없는 결정적인 순간과 맞닥뜨릴 때 비로소 살아 있음을 느낀다."
조지 카린*George Carlin*, 미국의 배우

단 순 히 직 원 이 아 닌

인 간 으 로 서 파 악 하 라

세계적인 인력관리 전문가 페르디난드 포니스*Ferdinand Fournies*는 2만 5천여 명의 관리자들을 대상으로 인터뷰를 했다. 그리고 간단하면서도 매우 중요한 사실 한 가지를 밝혀냈다. 성공적인 리더들에게는 한 가지 공통점이 있는데, 그들은 모두 자신의 직원들에 대한 진심어린 관심과 애정을 가지고 있다는 사실이었다. 여기서 가장 핵심이 되는 단어는 바로 ‘진심어린’이라는 말이다. 가장 중요한 것은 리더가 어떠한 마음으로 직원들을 보고 있냐는 것이다. 만일 보상을 바라는 마음에서 직원들의 가치를 존중하고 평가한다면, 직원들은 곧바로 당신의 의도를 꿰뚫어볼 것이다.

직원 개개인의 가치를 존중하되, 결코 그들의 기여도만을 쫓지 말라. 직원 개개인에 대해 매일 새로운 것을 알도록 하라. 그들의 가족이나 취미, 레저생활 등에 관해 묻기도 하고 함께 이야기도 나누어라. 그러면 직원들과 함께 행동하고 의견을 나눌 수 있을 것이다. 그 결과 직원들도 당신의 존중을 기억하며 열심히 업무에 임할 것이다.

미국의 한 리더십 센터에서 약 3년간 리더십 성공의 결정적 요인에 관한 광범위한 연구를 수행했다. 그리고 다음과 같이 결론지었다. 성공적인 리더십을 가능하게 하는 유일한 요소는 ‘관심’이라고 말이다. 즉 사람은 상대방이 자신에게 관심을 가지고 있느냐, 그 관심이 얼마나 큰 것이냐에 대한 확신이 있을 때 비로소 상대방이 알고 있는 바에 대해서도 관심을 보인다는 것이다. 이는 특별히 리더와 팀원과의 관계에서 더욱 들어맞는다.

팀원들에게 당신의 관심을 보여주도록 하라. 중요한 매 순간을 직원들과 함께 하도록 하라. 요즘에는 각종 통신수단의 발달로 이런 일들을 보다 쉽게 할 수 있다. PDA, 이동전화의 문자메시지, 음성메일, 이메일 등 활용할 수 있는 방법은 다양하다. 그렇지만, 이런 수단들을 과도하게 사용해서는 안 된다. 힘을 전환시키는 것이 아니라 힘의 정지를 야기할 수 있기 때문이다.

가장 좋은 수단은 얼굴을 직접 마주 대하는 것이다. 물론 직접 대면하기 위해서는 많은 시간을 투자해야 한다. 바쁜 직장생활의 틈바귀 속에서 특별히 시간을 마련하는 것은 결코 쉬운 일이 아니다. 그러나 이 방법이 팀원들의 사기를 북돋우는 데 가장 효과적이라는 것 또한 변함없다. 우리는 지금 발전된 기술 환경 속에서 살고 있지만, 리더십이라는 것은 기계적인 발전과는 상관없이 여전히 고도의 대인기술이 필요한 분야다.

"팀원들과 정보를 교환하는 방법으로 무엇을 택할 것인가?" 하는 방법론상의 문제와는 별개로, 직원들과 당신 사이에 접근의 경로를 항상 열어두고 유지하는 게 핵심임을 잊지 말자. 그것은 팀의 성과를 지속적으로 뒷받침해준다. 팀이 성공적으로 업무를 수행할 수 있도록 무엇이든지 언제든지 지원할 의사가 있음을 팀원에게 알려줘라. 당신의 팀은 헌신적인 노력으로 응답할 것이다.

당신은 이미 잘 알고 있다. 무엇이 직원들의 숨겨진 능력을 발휘하게 하는지를. 물론 성과에 대한 적절한 평가도 한 방법이 될 수 있다. 그러나 그것이 모든 것을 충족시켜줄 수 있는 완벽한 해결책은 아니다. 이 방법도 각각의 직원들에게 맞게 적용시켜야 한다.

한 예로, 내성적인 직원의 경우 직원 모두가 참석한 회의에서 그 직원의 성과를 공식적으로 인정하는 것은 효과적인 자극이 되기보다는 오히려 역효과가 날 수 있다. 아마도 그 직원은 긴장 때문에 경직되어 버릴 것이다. 대신, 그 직원의 특성을 잘 파악해 진심어린 선물을 한다거나, 기념품을 준다거나, 아니면 따뜻한 격려의 메시지를 통해서 리더가 자신의 성과를 인정하고 있음을 표현하는 게 더 나을 것이다. 물론, 선물 그 자체보다는 그에 담긴 따뜻한 마음과 적절한 시기가 더 중요하다는 것은 두말 할 필요도 없다.

직원 개개인을 인간적으로 이해하도록 하라. 단지 그들을 직원으로만 봐서는 안 된다. 인간적으로 직원을 이해하게 되면 아마 그 사람의 더 많은 부분이 보이고 그 사람을 더 깊이 알게 될 것이다. 직원 개개인에 대한 평가와 존중하는 마음 역시 더 효과적으로 표현할 수 있게 될 것이다. 물론 이것은 곧 팀의 성과를 한 단계 상승시키는 원동력이 될 것이다.

▌힘이란 무엇인가?

힘의 전환의 네번째 단계 : 성과와 사람에 대해 감사하라.

증폭요소 • 결정적인 순간을 창조하라.

　　　　• 단순히 직원이 아닌 인간으로서 파악하라.

네번째 단계에서 보이는 직원의 책임감 수준 : 지속적 고

네번째 단계에서 보이는 직원의 반응 : 주인의식

"모든 사람들은 항상 '내가 중요하다는 것을 느끼도록 해주세요'라는
무언의 메시지를 보낸다. 타인들과 함께 일할 때, 절대 이 점을 잊어
서는 안 된다."

메리 케이 애쉬*Mary Kay Ash*, 화장품 브랜드 Mary Kay 사의 CEO

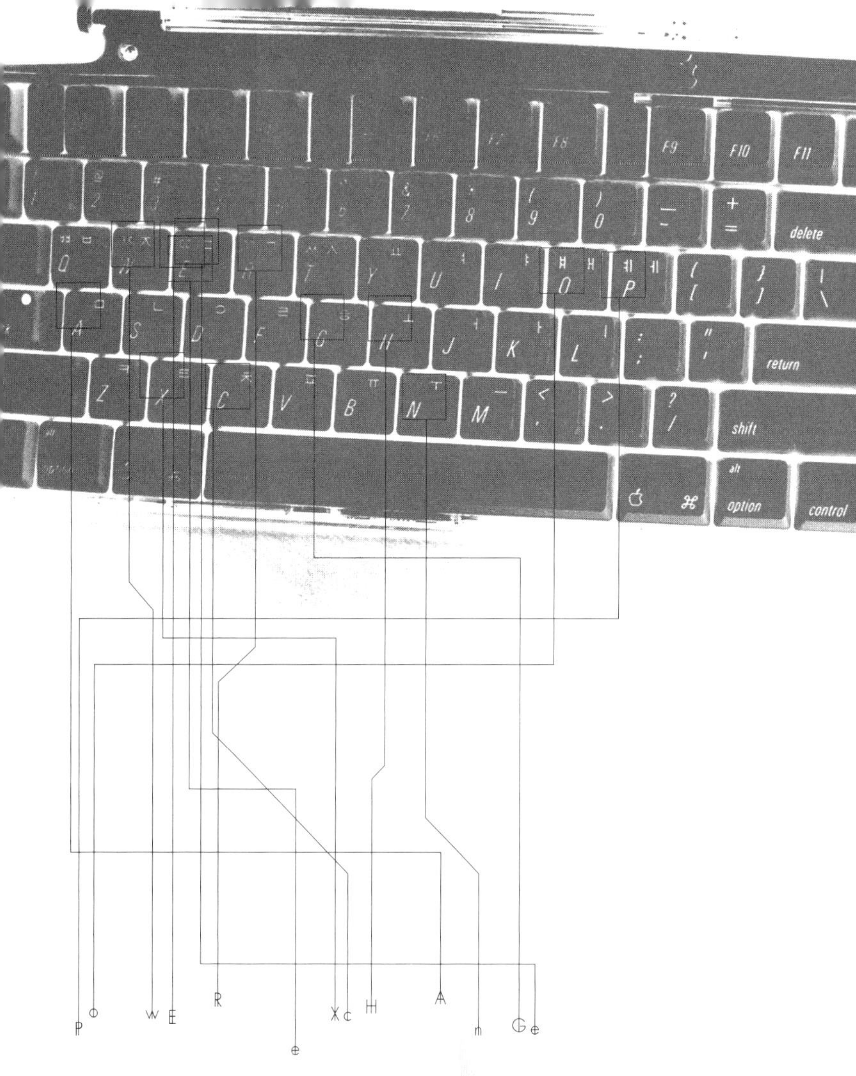

파워 업!

> "주요 분야에서 성공하기 위해서는 책임감이 있어야만 한다.
> 성공한 모든 사람들이 가지고 있었던 공통된 덕목은 바로 책임감이었다."
> 마이클 코다*Michael Korda*, 베스트셀러 작가

권한위임의 단계	증폭요소	직원의 책임감	직원의 반응
게임 규칙을 설명하라.	• 4가지 질문에 대한 해답을 준비하라. • 참여의 법칙을 정의하라.	저	관찰
적절한 질문을 던지고 경청해라.	• 처음부터 끝까지 모든 이야기를 들어라. • '건의함' 밖에서 생각하라.	중	참여
당신의 전문가들을 참여시켜라.	• 직원들의 아이디어를 효율적으로 활용하라. • 가르치면서 배워라.	고	헌신
성과와 사람에 대해 감사하라.	• 결정적인 순간을 창조하라. • 단순히 직원이 아닌 인간으로서 파악하라.	지속적 고	주인정신

"나는 많은 사람들 중 하나의 존재에 불과하지만 여전히 유일한 존재
다. 나는 모든 것을 해낼 수는 없지만 여전히 무언가는 해낼 수 있다.
내가 모든 것을 해낼 수 없다는 이유 때문에 내가 할 수 있는 것을 포
기하지는 않을 것이다."
에드워드 에버리트 헤일*Edward Everett Hale*, 미국의 작가

당신은 리더십을 통해 팀의 책임감과 업무성과를 일정 수
준까지 끌어올릴 수 있다. 그러니 4가지 힘의 전환 단계를
통합해 당신의 리더십을 지지하는 원동력으로 삼아라. 그러
면 당신의 팀은 누구도 넘볼 수 없는 결과를 창출할 것이다.

힘의 교환을 경험하다

미국의 대형 백화점인 노드스트롬*Nordstrom* 사의 고객 서
비스는 국제적으로 명성이 자자하다. 그들이 서비스 분야에
서 그처럼 명성을 떨칠 수 있었던 이유는 이 회사의 직원들
이 자신이 맡은 업무, 즉 고객들의 욕구를 만족시키는 것을
소명으로 삼고 있기 때문이다. 그들은 주인정신을 가지고
일하고 있다.

내 친구의 이야기가 떠오른다. 수년 전, 그 친구는 자신의 아내에게 줄 선물을 사기 위해 이 회사의 매장을 방문했다. 그는 매장을 둘러본 후 몇 년 동안이나 아내가 애용하고 있던 향수를 사기로 마음먹었다.

그러나 안타깝게도 그 향수는 진열대에 없었다. "죄송합니다, 고객님!" 판매 전담 직원이 사과했다. "현재 찾으시는 향수는 재고가 없군요. 그렇지만 고객님, 15분만 시간을 주십시오. 제가 한번 알아보겠습니다."

곧이어 그 직원은 컴퓨터로 무엇인가를 확인하더니 황급히 매장을 빠져나갔다. 백화점 유리문을 통해 그가 노드스트롬 건물을 빠져나가 어딘가로 가는 모습이 보였다. 그리고 정확히 15분 후 그 직원은 다시 돌아왔다. 그런데 놀랍게도 그의 손에는 품절됐다던 그 향수가 쥐어져 있는 게 아닌가!

"아니 어떻게 된 일이지요? 어디서 그 향수를 찾았나요?" 친구가 물었다. 아마도 창고 뒤편 어딘가에서 찾았을 거라고 생각하면서. 그러나 그 직원의 대답은 전혀 예상치 못한 것이었다.

"다른 쇼핑몰에서 이 향수를 판매하고 있더군요. 그래서

제가 달려가서 구해왔습니다."

"그렇지만, 값은 어떻게 지불했나요?" 내 친구가 물었다.

"제가 직접 지불하고 사왔답니다." 직원이 대답했다.

"아아, 그랬군요. 그러면, 제가 당신에게 얼마를 드리면 되나요?" 친구가 물었다.

그 직원은 향수의 가격을 말했고, 친구는 돌아오는 길에 물건을 구했다는 안도감과 직원의 친절함에 마음이 흐뭇해졌다.

친구가 이 이야기를 들려주었을 때, 나는 놀라지 않을 수 없었다. 노드스트롬 사는 어떻게 직원들에게 그토록 확고한 주인의식을 심어줄 수 있었을까! 그때부터 나는 그들의 리더십을 연구하기 시작했다. 그들의 접근방식이 정말 궁금했다.

그 후 내가 발견해낸 사실은 놀라웠다. 노드스트롬 사는 전통적인 조직의 피라미드 구조를 없애버렸던 것이다. 그리하여 고객들이 조직도에서 가장 윗자리에 위치하게 되었으며, 가장 중요한 자리를 점하게 되었다. 그 아래로 판매 책임자 및 다른 직원들이 순차적으로 자리했고, 가장 하단에 자리 잡은 것은 놀랍게도 CEO와 여타 간부급 임원들이었다. 이것은 말 그대로 살아 있는 힘의 교환이었다!

노드스트롬 사는 권한위임을 통해 자사 판매직원들의 책임감과 주인의식을 한층 고양시켰다. 그 결과 노드스트롬 사의 우수한 대고객 서비스는 그 분야의 모든 회사에 하나의 기념비적인 기준이 됐다. 물론 다른 산업에서도 이 회사에 대한 벤치마킹이 이루어진 것은 당연한 결과였다.

힘 의 원천

당신 팀의 힘의 원천은 다름 아닌 리더다. 힘을 어떻게 분배하느냐는 리더가 선택해야 한다.

팀의 힘을 확장시키는 것은 마치 배터리를 충전하는 것과 같다. 전원 공급처(리더)로부터 배터리(당신의 팀)로 전력이 서서히 옮겨지기 위해서는 시간이 필요하다. 그러나 한번 완

충되면, 배터리는 한동안 강력한 전압(성과)을 창출해낸다.

전압이 높아지면 당신 팀의 성과 수준도 한층 높아질 것이다. 물론 그게 영원히 지속되지는 않는다. 보다 높은 성과를 지속시키기 위해서는, 권한위임을 지속적으로 활용해야한다. 그리하여 팀을 재충전시키고 당신이 원하는 결과를 지속적으로 만들어내야 한다.

힘의 교환을 당신의 리더십 속에 녹아들게 할 수 있다면, 놀랄 만한 성공이 다가오는 것은 시간문제다. 요컨대, 토요타, 노드스트롬과 그 외 다른 유명한 기업에서 보여주었던 훌륭한 리더십과 권한위임이 가져온 놀라운 성과를 당신도 누리게 될 것이다. 권한위임에 다가서는 순간, 당신은 막강한 경쟁력을 가진 팀을 갖게 되는 것이다.

고여 있는 힘은 파멸을 부르고, 교환된 힘은 생산을 부른다.

POWER EXCHANGE

본 도서의 영어 원문을 실어드립니다.
하루하루 커져가는 힘과 함께 영어 학습의 기회를 잡으시길 바랍니다.

A leader's power is finite,

but a leader's shared power is infinite.

P O W E R

[noun]

The ability or capacity to perform or act effectively.

Aspecific capacity, faculty or aptitude. The ability

orofficial capacity to exercise control; authority.

E X C H A N G E

[verb]

To give in return for something received.

To give and receive reciprocally; interchange.

CONTENTS

Consider this: Early in 2005, the workforce scale tipped once and for all. Generation X (born 1965-1977) and Generation Y (born 1978 and later) now make up the majority of the workforce. As a result, two experienced workers are leaving the workforce for every one who enters it.

Further, 10,000 Baby Boomers (born 1946-1964) turn 55 years old every day. As this workforce shift continues, so will the shift away from yesterday's workplace norms and expectations.

This new "X/Y" workforce has different expectations about work. Today' s X/Y workers:

- want to know "what the deal is" — exactly what you want from them and what you have to offer them.
- have a need to be fully engaged at work to help them find a sense of meaning in their jobs and to remain satisfied.
- feel less connected to the company, and as a result, rely on their supervisors more than any other individual for information, goal clarity, policy interpretation, training, etc.
- expect their input to really matter and will leave if they see it doesn't.

Coupled with this demographic shift is the **projected shortage of more than 10 million workers in just five years.**

These new workforce dynamics and shrinking talent pool create a new leadership challenge. If this challenge is ignored it will leave leaders behind the curve of success. Those who embrace it will boost their team's competitive advantage and be the leaders of tomorrow.

The X/Y workforce will require powerful leadership. Unlike yesterday's leaders, **today's leaders must exchange their power for employee performance.**

A power exchange might sound counter-intuitive since power has traditionally been synonymous with leadership. However, a power exchange yields a highly energized team whether you lead any combination of full- or part-time employees, contractors, vendors, volunteers or other "free agents."

This rapid-read book presents **four simple "power converters"** — practical steps that leaders can take to boost accountability and performance. Any leader of any team at any level can use these power converters to lead today's changing workforce. The result is an advantage for your team that is sustainable and hard for competitors to replicate.

Today is the future. So, read on and exchange your power for your team's success!

"You cannot escape the responsibility of tomorrow by evading it today."
—Abraham Lincoln

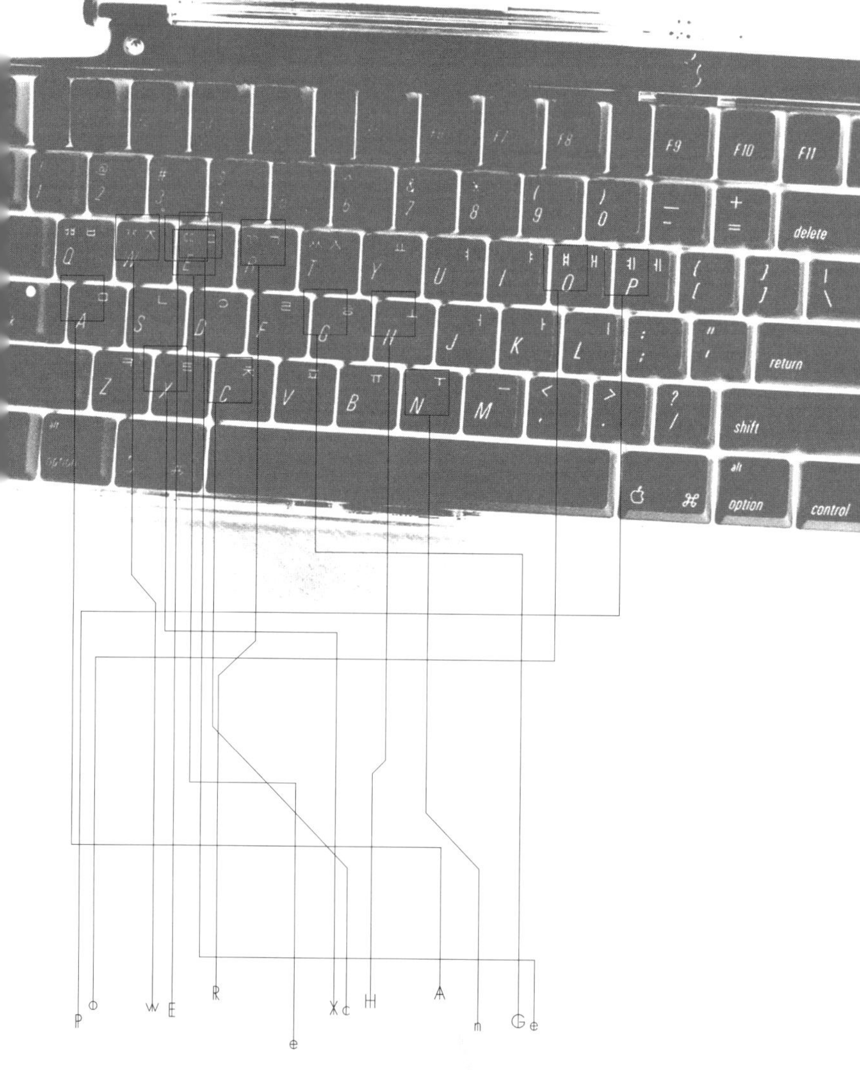

LEADING WITH POWER

A leader' s power alone yields no results until it is exchanged with his team.

A certain level of power is inherent in any leadership position. Power typically goes to those who control information, resources and rewards.

In today's information-rich (and often time-poor) world of work, **information is the primary power**

source for successful leaders.

Although leaders can certainly influence rewards and resources, these sources of power are often controlled, in large part, by the organization. However, leaders have significant control over information.

Since information is power, keeping it to ourselves can make us feel more powerful than those who do not have the information. This fundamental human dynamic has created the success of tabloid magazines. Bottom line, almost everyone wants to be in the know, even if it's just gossip.

In the X/Y workforce, the power paradox works this way: The less you control your power, the more you shift power to your team. You exchange your power—information—for team accountability and performance. Sharing your own power gives your team power.

On the other hand, the more you control your power, the less productive and engaged your team will be. Restricting the information flow with your team will choke your own success.

Let's look at how a leader of today's workforce can apply the power paradox to boost accountability and performance.

"It is the responsibility of leadership to provide opportunity, and the responsibility of individuals to contribute."
—William Pollard

Today's Powerful Leader

Today, nearly 85 percent of the U.S. gross domestic product comes from services and information which are created and delivered by people. People directly create the majority of value in today's economy. A leader's job is to create and sustain high levels of value through other people.

Today's powerful leader is willing to exchange his power to fully engage his team. He knows his employees are the fuel that powers sustained, superior performance.

The power of a leader is reflected in the power of his team. Southwest Airlines' Herb Kelleher, Jack Welch — former CEO of General Electric, Coach Phil Jackson and General Norman Schwarzkopf are considered powerful leaders. They know how to tap into the potential of their people.

Although they are leaders of mostly Baby Boomers, their leadership styles were ahead of their time. That's why they are outstanding. They don't control their power in traditional ways. Instead, they exchange their power for their team's performance. They know how to create an environment where their teams consistently give **discretionary effort — willingly going the extra mile to achieve team goals.**

In the process of exchanging power, powerful leaders also harness their team's full potential by:

- creating greater personal and job challenge,
- enhancing professional growth,
- increasing employee engagement,
- building trust,
- breaking down barriers,
- raising team standards of performance and
- building employee ownership for problems and solutions.

The powerful leader, without a doubt, can still have a strong and commanding presence. The key is how he chooses to exchange information, and therefore power, to yield team success.

A power exchange is the intentional, continuous transfer of information that boosts employee accountability and performance.

Now, let's translate this definition into concrete, actionable steps called power converters.

"Being powerful is like being a lady. If you have to tell people you are, you aren't."
—Margaret Thatcher

There are four power converters that gradually increase employee accountability and performance. These power converters give your team the biggest boost if they are applied in sequence. Since you know your team the best, you must determine when to accelerate through or spend more time on a specific power converter.

The power exchange starts by explaining the game. Explaining is necessary but not sufficient, in itself, to boost performance. When a leader explains something (a project, plan, expectation, process), the employee is only an observer and will likely feel little personal accountability.

The leader can continue exchanging power by asking the right questions. He might ask to clarify a problem or ask for ideas and suggestions. Asking questions engages employees, and as a result, they feel greater accountability.

The power exchange continues by involving your experts in creating solutions to improve their work and teaching them what they need to know to succeed. This step creates a high level of accountability and commitment. Employee commitment is demonstrated by identifying and solving problems and improving performance.

The final step in the power exchange is to appreciate performance and people. This produces a sustained level of increased accountability that results in employee ownership of their work—a new project, customer relationship, repetitive task or the quality of a report.

Power Exchange Meter

As you progress through each power converter, you enhance your employees' responses to your leadership and elevate their level of accountability.

Let's see how a team leader, Todd, and an employee, Kristen, progress through the power converters:

Todd "Hey, Kristen. I'm glad I bumped into you. I wanted to talk to you about something. We really need to improve our response time on special orders." (Todd is explaining the game.)

Kristen "OK, I understand." (Kristen is simply observing.)

Todd "You're on the front lines with this issue. Why do you think our response time has increased lately?" (Todd is asking for input.)

Kristen "Well, the new system migration has had its

bumps. But I think the bigger issue is that we weren't prepared for the recent promotional campaign to our VIP customers. Our call volume from VIPs has increased by 80 percent for special orders over the same period last quarter." (Kristen is participating.)

Todd   "We need to discuss your ideas on how we can get back on track. Our response time has a direct impact on our bottom line, so I'll give you whatever support you need to take care of this." (Todd is involving Kristen.)

Kristen   "That sounds great. Let me send you some initial recommendations before our meeting. I'm confident we can identify a good solution and implement it quickly." (Now Kristen is committed to solving the problem.)

Todd   (After the solution is implemented). That was a great job, Kristen. I really appreciate the way you took the initiative to explore solutions and make them happen." (Todd is demonstrating his appreciation for Kristen and for her performance.)

Kristen   "Thanks, Todd! It was cool to make a real difference. I've already proposed a process to the Marketing Department that will keep us in the loop and prevent this problem in the future." (Kristen is feeling ownership of this project and of future ones!)

Powerful leaders know they **only get accountability from their employees by being accountable to them and their success.** They understand that with today's worker, accountability is a two-way street.

Additionally, powerful leaders do not use the four power converters as separate leadership tools. Instead, they integrate the converters into their daily interactions. They also realize that using the four power converters is a time-efficient way to build **employees who act like owners and consistently give discretionary effort.**

Let's take a closer look at each of the four power converters. Each power converter has two boosters—simple actions that boost accountability and performance.

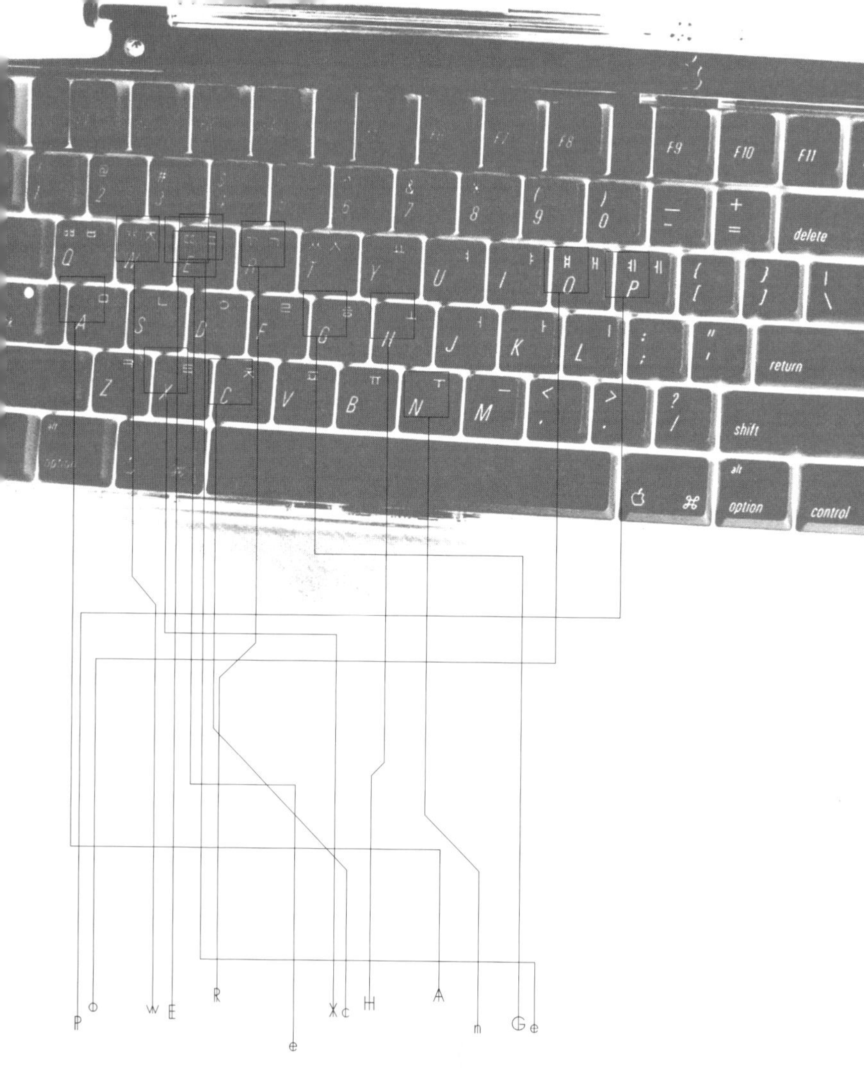

EXPLAIN THE GAME

Clarity is the friend of accountability; ambiguity is the enemy.

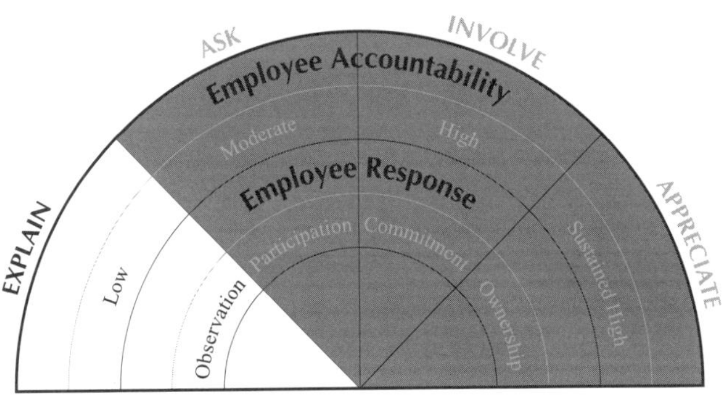

ASK
INVOLVE
EXPLAIN
APPRECIATE
Employee Accountability
Moderate
High
Employee Response
Low
Participation
Commitment
Observation
Ownership
Sustained High

Explaining is the most fundamental form of information exchange. It is often taken for granted with assumptions like, "I am sure they know that." or "I hired her to know that. I shouldn't have to explain it."

"Explaining the game" fills a basic need today's worker has to see the meaning or impact of their work. The challenge is that some leaders tend to fall short of explaining the game as clearly as their employees would like.

Leadership research supports this "explanation gap." A ground-breaking Harris Poll of over 11,000 households found that:

- Only 15% of workers could identify their organizations' most important goals.
- A majority of workers (51%) did not understand what they were supposed to do to help the organi-

zation achieve its goals.

▲Less than half of available work time (49%) was spent on the organization's most important goals.

In light of these findings, it's easy to see how the **explanation gap can lead to an execution gap.**

In today's world of work, taking the time to provide a thorough explanation can easily take a backseat to more pressing leadership demands, firefighting and trouble shooting.

Explaining the game is a "pay me now or pay me later" leadership proposition. Try logging your firefighting tasks. How much of your time is spent on problems stemming from less-than-clear explanations of what, how and why the game is played?

To illustrate the importance of explaining the game, consider two sources of energy: the sun and a laser.

The sun is a powerful source of energy. It showers the earth with billions of kilowatts of energy every hour. Yet with minimal protection, say a hat and some sunscreen, you can bask in the sunlight for hours with few negative effects.

On the other hand, a laser uses a weak source of energy and focuses it in a cohesive stream of light, producing intense heat and power. With a laser, you can drill a hole in a diamond or defeat a cancer. That's the power of focus!

Your team's focus starts with how well you explain your vision, goals, expectations and ground rules. **A clear explanation requires less energy and yields greater results because your employees' efforts will be laser-like.** Without a clear explanation, your employees' activities will be less focused and, ultimately, less productive.

Explain the game to your team and you're on your way to winning it!

So let's discuss the two boosters that can help you explain the game:

- Answer the Fundamental 4
- Define the Rules of Engagement

When you explain the game, you help employees see how they fit into the big picture. People will naturally feel more accountable for their performance when they clearly understand they are a part of something bigger than themselves.

Powerful leaders explain the game by consistently answering four questions today's workers commonly ask:

1. What are we trying to achieve?
2. How are we going to achieve it?
3. How can I contribute?
4. What's in it for me?

A closer look at these four questions shows employees are really asking you to explain:

1. **Goals** : clearly defined outcomes or deliverables.
2. **Plans** : detailed, actionable steps required to achieve the goals.
3. **Roles** : broad yet clear performance expectations.
4. **Rewards** : benefits for the employee (psychologically, emotionally, intellectually and financially).

How clearly are you explaining these to your team?

Your answers to the Fundamental 4 create a bridge that connects today's possibilities to tomorrow's results. This is the bridge of accountability. Without this bridge you are dead in the water. With it, you have the necessary platform to boost your team's performance.

At the speed of today's business and information overload, it can be quite challenging to decide what to communicate to employees and what to withhold. It's easy to say (usually to ourselves), "They don't really need to know all that." or "My team won't really understand." or "I don't think they can handle that news right now." But the truth is that **leaders who underestimate the power of their employees generally overestimate their own.**

When employees don't get answers to the Fundamental 4, they tend to fill in the blanks with their own assumptions ⋯ and their assumptions are often worst-case scenarios. This is not a reflection on the leader. It's human nature. Therefore, beware—unanswered questions start the **silence spiral: Silence leads to Doubt, Doubt leads to Fear, Fear leads to Panic, Panic leads to Worst-Case Thinking.**

This spiral can take five minutes or five weeks to develop and play out, but in most cases, it happens more rapidly than we would imagine.

Fill in the silence for your team by answering the Fundamental 4. For instance, if you learn about a new project in another department that won't affect your team for a few months, tell them about it. They can start preparing or, at minimum, they won't be caught off guard or perpetuate rumors.

Powerful leaders realize they are not protecting their teams by not informing them. They know their employees will either find out on their own or make assumptions that are often worse than reality.

The great news is that you can prevent the silence spiral⋯ just answer the Fundamental 4.

Define the Rules of Engagement

Rules of engagement help define how your team will interact. They are like the "We Card." signs you see in every convenience store. Those signs were created to help the store workers.

In the past, convenience store workers had to ask

each customer purchasing alcohol or tobacco for identification to ensure he/she was of legal age. This became awkward for the store workers. They had to visually assess who might be close to legal age (not a position I would want to be in). As a result, they risked legal implications if they did not ask for identification from someone who was under age. They also dealt with the wrath of those who were offended by being asked for identification.

Today, with the help of "We Card." signs, workers only have to point to the sign. No fuss, no risks, nothing personal. It's a rule of engagement that is understood by all parties.

Defining the rules of engagement for your team can yield similar benefits. They create accepted ways of acting and interacting so your team does not have to think about or debate what is appropriate in each situation.

Think back to your school days. Each teacher, usually on the first day of the year, explained the classroom rules of engagement: raise your hand if you have a question, request a hall pass to use the restroom, place your homework on your desk each morning, respect others' property, etc. These rules helped both the teacher and students focus on the most important things in the classroom — learning.

Defining the rules of engagement can help your team focus on what is important — performance. They might address how to:

- make decisions,
- share information,
- consider ideas for improvement,
- coordinate hand-offs,
- review work,
- challenge prevailing thought,
- prioritize and

resolve conflict.

Look to your team and company values for hints of appropriate rules of engagement. Your current challenges might also be a place to look for ideas. For example, one team who was having trouble getting all input on the table during their staff meetings defined these rules of engagement:

- Speak your mind during meetings, not after.
- We accept and encourage constructive disagreement as necessary to yield the best decisions for our team—nothing personal.
- We will present a unified front to the rest of the organization, regardless of disagreements during meetings.
- All problems must be presented with a solution.

Rules of engagement do not have to be wordy, but they must fit your team and be embraced by them.

Here are some other examples:

- All reports must be reviewed by at least one other team member before leaving our department.
- If an issue is not resolved after five e-mails, you must meet (phone or in person) to resolve the issue.
- Customer-related tasks are always a higher priority than internal tasks.
- No team or committee meetings last more than one hour.
- Every project is debriefed for lessons learned within one week of project completion.

Today's powerful leaders keep their rules of engagement visible and apply them to decisions they make··· even small decisions. These leaders also rely on their entire team to ensure each member (including themselves!) is performing within the rules of engagement. In other words, they lead and work by these rules.

Expect a few slip ups here and there, but don't worry about it! Just point to your version of the "We Card." sign — your rules of engagement.

"Great leaders never tell people what to do. They set clear goals and establish the parameters. Lousy leaders think they know it all; and all the while their organization sits there, aquiver with potential."
—General Norman Schwarzkopf

▮ POWER READ-OUT

Power Converter : Explain the Game

Boosters • Answer the Fundamental 4

• Define the Rules of Engagement

Employee Accountability : Low

Employee Response : Observation

ASK THE RIGHT QUESTIONS, THEN LISTEN

"Learn from yesterday, live for today and hope for tomorrow. The important thing is not to stop questioning."

—Albert Einstein

ASK
INVOLVE
EXPLAIN
APPRECIATE
Employee Accountability
Moderate
High
Employee Response
Participation
Commitment
Observation
Ownership
Low
Sustained High

Explaining the game is the first step to boosting performance, but it's a one-way process. To continue your power exchange, ask the right questions. When you do, your team will be participating in a two-way information exchange.

Asking questions is a long-established principle to demonstrate respect, diffuse tense situations, obtain buy-in and make employees feel valued in a way that financial rewards cannot.

Understanding the two types of organizational knowledge helps underscore the importance of asking the right questions. The two types of organizational knowledge are **dashboard knowledge** and **under-the-hood knowledge.**

Dashboard knowledge is typically used by leaders. Just as your car's dashboard tells you the speed, fuel level and engine temperature, your organizational dashboard tells you if "sales are up five percent," "productivity is down" or "project deliverables are on schedule."

Under-the-hood knowledge is specific to a given job, time, place and set of circumstances. While dashboard knowledge is important for understanding general relationships and charting broad direction, it is not helpful in identifying specific actions, improvements and adjustments to help your team run more smoothly.

Under-the-hood knowledge answers why your team's engine is running hot, why it veers to the right and why it is not responding to the brake pedal as well as it should. **This is the kind of knowledge you can only get from people who are currently working "under the hood."**

For example, Atlas Container Corporation used under-the-hood knowledge to make a critical vendor decision. Executives asked shop-floor employees to choose between competing suppliers of a $1 million machine they needed for their operation. The employees selected an American-made model, so the top executives accepted their recommendation, even though they favored a different model.

The Atlas leaders knew that under-the-hood knowledge just wouldn't show up on their dashboard. They had to ask questions to get it. They also understood the key to asking questions is to listen… really listen to the answers. **Don't ask if you won't listen.** Asking without listening only builds cynicism and drains your efforts to boost performance.

Remember what Mark Twain said: "If we were supposed to talk more than we listen, we would have two mouths and one ear." **Powerful leaders listen at least 50 percent of the time.** If you're not listening to your employees, you will gradually suffer from "blind spots" — weaknesses that are apparent to others, but not to you.

To illustrate blind spots, consider a classic episode of Seinfeld featuring Elaine while she was the acting president of her company. She couldn't figure out why her entire staff was suddenly shying away from her. She quickly blamed her friend George for her seeming downfall at the office. This all started to happen after a company party where Elaine, thinking she was a good dancer, did not hesitate to show off a few of her moves. Unfortunately, this was a HUGE blind spot for Elaine. It was painfully clear to everyone else that Elaine was a horrible dancer as she flailed and contorted her way across the floor!

As a viewer, you could feel the tingle of embarrassment for her and the dread if you should ever find yourself in such a situation. Fortunately for Elaine, she had an incredibly blunt friend in Kramer who, in no uncertain terms, revealed her blind spot saying, "You stink!"

Learn from Elaine. Listen to your employees, particularly your "Kramers."

Powerful leaders prevent blind spots by making concerted efforts to keep in tune with the realities of their employees-listening for the truth.

This is particularly important because **the higher you are in an organization, the more filtered the information you receive.** It's a natural and predictable phenomenon, but it's also a precarious position for any leader. No leader wants to be "Elaine on the dance floor." Therefore, the higher your leadership position, the more listening you need to do.

Ask your employees what they think, **listen to their answers** and you will be one step closer to boosting accountability and performance.

The two boosters that can help you ask the right questions are:

◄ Get the Full Story
◄ Think Outside the Suggestion Box

Since the information you receive can often be filtered to some degree, it's up to you to get the full story. How do you do that? Look for dissenting opinions, assumptions and perspectives to minimize your blind spots. If all you hear is "yes," be careful. The silence spiral might be spinning. In fact, don't take "yes" for an answer! **You can't wait for different opinions to come to you. Seek them out.**

Powerful leaders seek "no holds barred" input from their employees in meetings, one-on-one updates, surveys, e-mails or even in the break room.

These leaders ask their teams questions like:

- What can I do better/more of to support your success?
- What makes it hard to get your job done?
- What is the best/worst part of your job?
- If nothing was holding you back, what would you do differently?

To help you get the full story, ask clarifying questions. Clarifying questions will give you rich information whether you are addressing a performance problem, troubleshooting a faulty process, brainstorming ways to approach a new project or resolving an interpersonal conflict. **You will boost performance by gathering all perspectives, ideas and data before advancing your conversation or solution.**

Clarifying questions will help you transfer power to your team, prevent blind spots and boost account-ability. Clarifying questions are:

- **Open-ended.** They force deeper thinking and ownership responses from employees. Close-ended questions, which require only a yes or no response, put the accountability right back on you to ask a follow-up question.
- **Specific.** An open-ended, general question is usually not very useful. Ask for specific details and data to help your team create the best solution.
- **Not imbedded with solutions.** Avoid a subtle or inferred solution or preference in your questions. Your goal is to collect information, then solutions

will quickly follow.

When you ask a clarifying question, your goal is to fully understand all perspectives, assumptions and opinions so you can make the best decision for your team.

Regardless of whether or not you agree with an employee's response, understanding his response better equips you to find the best solution.

The quality of under-the-hood knowledge you gain depends not just on asking the right questions, but also on how effectively you ask them. Here are some tips from powerful leaders who really know how to get the full story:

Ask one question at a time. Multiple questions usually yield an answer to only one of your questions. Wait for the response, and then ask a follow-up question.

- ▶ **Remain neutral.** Use particular caution when asking "why" questions. Your tone of voice, rolling eyes or even a sigh can infer judgment or disapproval.

- ▸ **Be patient.** Not every question has a fast answer. Your employees may need time to process an answer or even research it. Avoid temptation to interrupt or put words in the other person's mouth. Even if you are correct, you will be robbing their sense of ownership.

Asking clarifying questions is not about acquiescing to an employee's perspective. Powerful leaders are accountable for getting the full story and creating a fair and efficient decision making process (again, back to the rules of engagement).

Employees are accountable for giving you honest input about what's going on under the hood and for supporting the decision making process. Now that they are participating in the power exchange, they are closer to taking ownership for their results.

People are full of untapped ideas and creativity, much more than we ever capture. Unfortunately, most employees' ideas are stuck in a suggestion box… or they never even make it that far.

In addition to getting the full story, asking for ideas

for improvement will boost performance. The traditional suggestion box promotes complaining, anonymity and abdication of responsibility — the exact opposites of boosting accountability and performance.

In 1992, Norman Bodek published a book featuring Toyota's idea system entitled, 《40 Years, 20 Million Ideas》. It described how Toyota had received one million ideas per year from its employees and had been doing so for more than a decade. More recently, Toyota received more than three million ideas from employees in one year.

Several other companies have excelled at harnessing employee ideas and implementing them as a competitive advantage. Companies like Dana Corp., Milliken Corp., Yamaha, Toshiba, Technicolor Corp. and Boardroom, Inc. have each generated tens of thousands of ideas per year.

This magnitude of power exchange is not achieved by using a suggestion box. It is achieved by engaging the minds of employees and tapping into their unlimited pool of ideas and creativity. Letting this resource go untapped, as Bodek says, "It's like sitting on top of a gold mine and feeling poor."

Your first reaction to these staggering numbers of suggestions might be disbelief. How do they do it?

Before I answer that question, let's address why we should even focus on asking for ideas when we are trying to boost performance. This booster is not about ideas for ideas' sake. It is about soliciting ideas to improve employee productivity, reduce costs, increase speed and eliminate waste. The primary objective is to improve individual and team performance.

The by-product of this booster is a strong and rapid increase in the employees' sense of accountability.

These under-the-hood ideas will ultimately make their work more interesting, efficient and challenging. Your team will realize cost savings, quality and service improvements, as well as an irreplaceable competitive advantage.

Okay, back to the question: How do they do it? **The name of the game is to think small.** Small ideas are actually better than big ideas because small ideas:

- are **much more likely to stay proprietary** and create sustainable competitive advantage since they are situation-specific. Besides, your competitors are most likely looking for the next big idea. Let them wait for their grand slam while you hit a thousand singles.

- enable you to **focus on the details of your business.** Excellence is a result of getting the details right. In many cases, it is literally impossible to improve performance (speed, service, quality, costs) beyond a certain level without small ideas.

◀ help **create a culture that values ideas** (every idea is a good idea) and the people they come from, resulting in a boost in ownership at the grassroots level of your organization.

◀ facilitate **rapid and continuous organizational learning** and performance improvements based on that learning.

◀ are the **best sources of big ideas** (the Post-it note came from a small idea to find a better glue).

Small ideas might include: "If we eliminated the cover page on internal faxes, we would save 150 pieces of paper per month," "While I am waiting for our driver to check in his shipment at our store's receiving dock, I sweep out his truck so he can make a quicker turnaround at our distribution center" or "If I highlight off-plan line items on my report, the executive committee can more quickly and efficiently focus on those areas of concern."

Powerful leaders go for quantity of ideas, not quality. They make ideas, lots of them, part of everyone's job. They use clarifying questions to determine if and how to best implement the ideas.

Ask your team for the kinds of ideas you need. You may have a focal area for that week, month or quarter. A good place to start is with the **eight areas of waste.** These are the enemies of profit:

- Defects (incorrect/incomplete information, rework)
- Inventory (batching, excess orders in process)
- Processing (unnecessary steps, unneeded precision)
- Waiting (materials, information, tools not ready)
- Motion (choosing, searching, retrieving, storing)
- Transportation (mailing, faxing, traveling, walking)
- Overproduction (working ahead, outpacing next process)
- Underutilized talent (the worst one of all!)

Make ideas the currency you exchange for employee accountability and your return on investment will be amazing!

"Good ideas are common-what's uncommon are people who'll work hard enough to bring them about."
—Ashleigh Brilliant

▌ POWER READ-OUT

Power Converter : Ask the Right Questions, then

Listen

Boosters • Get the Full Story

• Think Outside the Suggestion Box

Employee Accountability : Moderate

Employee Response : Participation

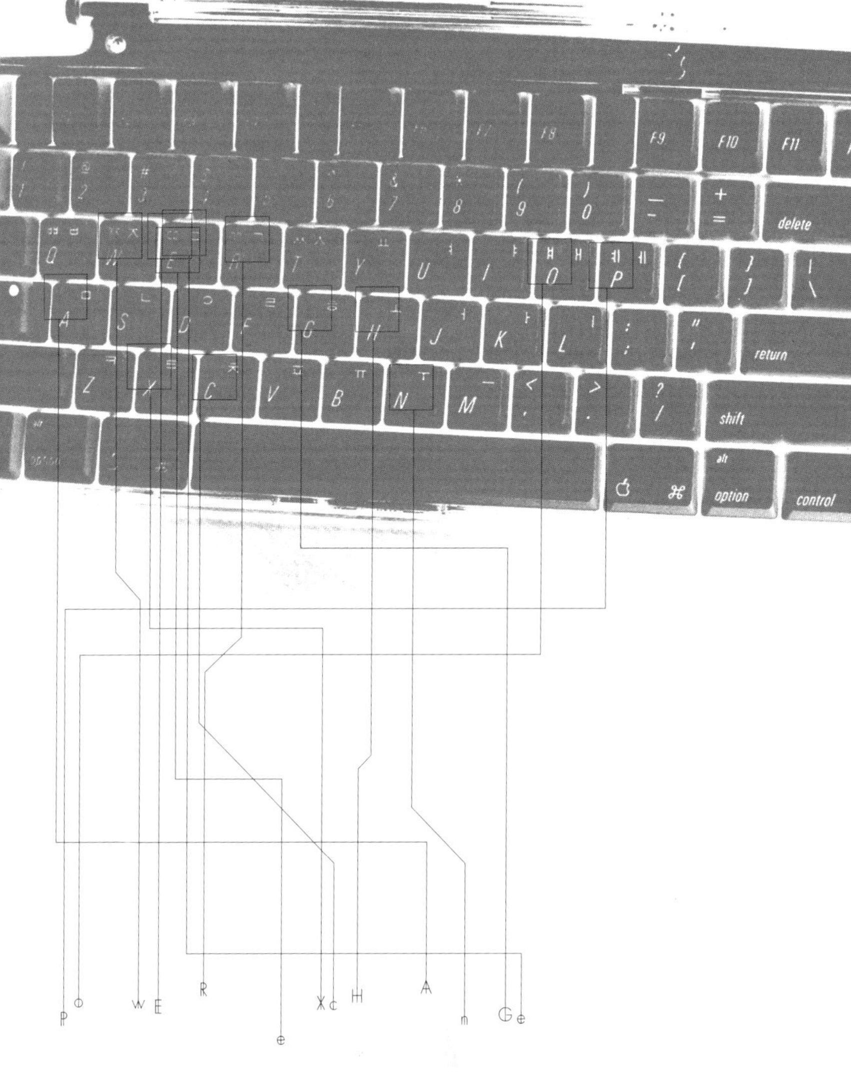

INVOLVE YOUR EXPERTS

"Few things can help an individual more than to place responsibility on him, and to let him know that you trust him."

–Booker T. Washington

ASK
INVOLVE
APPRECIATE
EXPLAIN
Employee Accountability
Moderate
High
Employee Response
Low
Participation
Commitment
Observation
Ownership
Sustained High

By asking your employees questions, you encourage them to participate in a two-way information exchange. To continue your power exchange, involve employees in improving their jobs and your business. Take the ideas they give you and involve them in developing solutions to problems, identifying areas for improvement and finding opportunities for growth.

Involve the people who are under the hood, your experts, in seeking new ways to reduce expenses, expedite customer service or improve coordination with other departments. Employees will exchange their involvement for high accountability and commitment to the desired results.

People support what they help create. By involving employees, you challenge them to be accountable for tackling new issues and solving problems. Require team members to bring you solutions along with problems. There is no hiding from problems when accountability prevails.

Even the most powerful leaders sometimes feel threatened by the idea of involving their employees in identifying and solving problems. Perhaps they feel they're giving up control over how their team will achieve its goals.

However, powerful leaders also realize there is more than one way to effectively solve a problem. An employee's approach might be different than the leaders, but the benefits of building ownership that come from employees creating the solutions far outweigh any loss of control powerful leaders might feel.

When employees are involved, the buck doesn't stop with the leader . it stops with each employee on the team. Consider the following conversation between two employees:

Joe   "Boy, I sure would like to ask the boss why he let things get so out of control with our team. Seems like we're being really inefficient, we're not sure what to do and no one is having much fun."

Lynn   "Yea, I'd like to hear his answer too. So what's stopping you from asking him?"

Joe   "Oh, uh, well⋯ I'm afraid he might ask me the same question!"

This conversation will not occur on a team whose leader applies these two boosters to involve your experts:

◥ Streamline Success

◤ Teach to Learn

It's not who is right, it's what is right that matters.

Sometimes the process of involving team members to achieve success has the unintended consequence of preventing success. Like most attempts to use a suggestion box, the stepping stones to success can become stumbling blocks of bureaucracy. Your goal is to convert ideas into action and exchange involvement for results.

To achieve this, **streamline success by giving your team authority to suggest and implement ideas.** This builds a culture of accountability⋯ no excuses here.

Let's look at Toyota again. Each year, Toyota's employees implement more than one million ideas that save the company over $300 million annually. Virtually all of these ideas are implemented at the employee level. Even though many of Toyota's employees perform repetitive jobs, they are fully involved and engaged in improving

their work output and their work lives.

Problems and improvements are identified, solved and measured by each team . the experts in their jobs. It's not the company mandating these improvements; rather accountability and results are driven at the frontline team level, where the rubber meets the road.

It's no surprise that Toyota is expected to surpass DaimlerChrysler as one of the "Big Three" automakers in America. This unprecedented market share gain is powered by a culture of ideas and accountability.

Inspired by Toyota's success, a decade ago, the Chairman and CEO of Dana Corporation asked his 80,000 employees to submit two creative ideas per month and implement 80 percent of them. For more than 10 years Dana's employees implemented about two million ideas per year, saving over $2 billion.

And this idea keeps on working. In 2003, Subaru averaged 108 ideas per employee which resulted in savings of $39 million. This equated to savings of $5,000 per employee.

These amazing results required no executive approval or committees. Now that's streamlining success!

What kind of impact would this have in your team?

Leading organizations that exchange power for performance apply these **principles to streamline success:**

- Ideas are part of everyone's job.
- It's easy to submit ideas.
- Ideas are reviewed by people with under-the-hood knowledge, who will be directly affected if the ideas are implemented.
- Decisions on each idea are made quickly and effectively.
- Feedback to the employee suggesting the idea is quick and complete. In most cases, they should be involved in the decision so feedback is instantaneous.
- Whenever possible, and in most cases, ideas are

implemented immediately.

◥The process for managing ideas, as informal as it may be, is always monitored and improved.

These simple principles force us to realize just how small and manageable each idea must be to sustain such an informal, efficient decision making process.

The Idea Tracker form on the next page reflects the elegant simplicity and efficiency that enables a power exchange.

Avoid approaching this like just another program or you might end up trapped inside the suggestion box. Take it slow—this may be a fundamental shift for your team.

Start by setting an idea goal for your employees—let's say one small idea per month. Use early wins to reinforce the merits of streamlining success, build momentum and spread enthusiasm.

You are dealing with small ideas, so take small steps. Streamline success and it will be a big idea and a big step ahead of your competition!

Complexity creates a maze between you and success. Simplicity ensures a clear line of sight.

Suggester	Idea	Priority	Implementer
Donna	Put yellow tape on the first step into the mailroom to prevent people from tripping on the step.	High	Donna
Jay	Pack a preset portable box with meeting supplies that can be easily taken to off-site meetings to avoid paying hotel fees for these items. We spent $1,500 to rent these items last year.	High	Jay
Rose	Set up incoming faxes to arrive into the Admin's PC in each department to save paper. Only print if needed. We average 100 faxes / month at 3 pgs. each. Admin says she only needs to print half of them. This saves us 50 pgs./month plus less printer wear and tear.	Medium	Pete

| Bill | Post our chart of account codes on our intranet so managers can correctly code invoices and reduce the number of late payments to key vendors. Currently 50% of our invoices must be returned or corrected, each taking an average of 3 additional days to process. | High | Jay |
| Pete | Two back doors to warehouse are often left open. Install simple spring-loaded door hinges to keep them closed for safety and to save on A/C bill. | Low | Pete |

Powerful leaders boost accountability and performance by teaching⋯ and learning. As the proverb states, "In teaching others, we teach ourselves." So teach your team in order to boost your own learning.

Did you know the average person possesses between

500 and 700 different skills and abilities? Teach your team key skills including: alertness, data collection, problem identification, problem solving and communication.

Let's focus on the skill of alertness because it's critical for generating lots of under-the-hood ideas.

When people become aware of something—a problem, an area for cutting cost, a pattern of reactions—they tend to see more of that thing. This can be called the yellow car phenomenon.

When was the last time you saw a yellow car? You might see a yellow car once a day or so. Now, for the next week check out how many yellow cars you see.

Since I have alerted you to yellow cars, you will probably observe many more of them than you had previously noticed. Is it because so many more yellow cars just hit the streets? Of course not. You just sharpened your alertness.

Sharpen your team's alertness by encouraging them to: pay attention to exceptions, write down their thoughts and observations, and spend time studying problems.

Another way to sharpen alertness is to expose your people to new experiences to broaden their perspectives and deepen their knowledge, including:

- job rotation,
- reading groups,
- professional associations,
- cross-functional teams,
- industry benchmarking,
- presentations to management and
- training colleagues (the best test of learning is to be able to teach someone else).

Although all of these are great teaching tools, don't forget about the most important source of learning for your employees — YOU!

Share your experiences. There are lessons to be found in everything your team does. Look for opportunities in post-project reviews, customer meetings, conflicts with other departments, changes in priorities, miscommunications and mistakes. Seize all these experiences to teach your team… and learn from them.

A simple, yet powerful, teaching tool is called, the five whys. This tool facilitates team learning through discovery. Use it when your team is trying to identify the root cause of a problem or determine cause-effect relationships for certain aspects of your operation.

For example, let's say your team is brainstorming the root cause of consistently missing their month-end close deadline. The five whys might unfold like this:

Why do we keep missing our month-end close deadline?
Because our invoices are backlogged.

Why are our invoices backlogged?
Because we receive a large number of them from the field on the last two days of the month.

Why do we receive so many of them during the last two days?
Because most of the invoices are awaiting approval by managers at corporate.

Why are our corporate managers waiting to approve the invoices?
Because they are waiting for us to give them the chart of account codes to assign to the invoice.

Why are they waiting for the codes from us? Because we forgot to post our chart of accounts on the company intranet earlier this year.

As you can see the five whys can help you quickly get to the core of an issue and take a good look under the hood.

This tool is particularly useful for cutting through excuses and boosting accountability. However, don't get caught in the trap of using this exercise to assign blame. Use it, instead, to focus on the learnings and solutions you will discover together.

Powerful leaders are great teachers; great teachers are great learners. So teach to learn and boost your team's performance.

"You learn something every day if you pay attention."
—Ray LeBlond

▮ POWER READ-OUT

Power Converter : Involve Your Experts

Boosters • Streamline Success

• Teach to Learn

Employee Accountability : High

Employee Response : Commitment

APPRECIATE PERFORMANCE AND PEOPLE

People will forget what you said.

People will even forget what you did.

But people will never forget how you made them feel.

ASK
INVOLVE
EXPLAIN
APPRECIATE
Employee Accountability
Moderate
High
Employee Response
Low
Participation
Commitment
Observation
Ownership
Sustained High

William James, the father of psychology, stated that a fundamental human need is to be appreciated. This idea is supported by many studies that show the number one need expressed by employees is to feel fully appreciated for their work. The bottom line: **We do more for those who appreciate us.**

Appreciating employees and recognizing their contributions completes the power exchange from you to your employees. Your appreciation will be converted into sustained high accountability because people want to do more and do it better when they know they are appreciated. Employees will respond by acting like owners of your business. Here's where you will see a real surge in employees' discretionary effort!

Although leaders widely recognize the need for employee appreciation, it tends to be a blind spot. **Leaders generally believe they are much more appre-**

ciative of their employees than their employees think they are.

In fact, this blind spot was clearly revealed in a study comparing how 10,000 employees ranked 10 work-related values against how their managers thought their employees would rank these values.

The employees' top two rankings were: full appreciation for work done and feeling in on things. On the other hand, managers thought employees would rank these two values eighth and tenth, respectively— that's nearly the exact opposite of what their employees thought—a big blind spot.

We might hear ourselves say, "Gee, I meant to tell Ron what a great job he did." or "Well, I intended to acknowledge Jackie for stepping outside her comfort zone on that last project." **We tend to judge ourselves by our intentions, but others judge us by our actions.**

That's why there is a gap between our own perceptions (our intentions) and our employees' perceptions of our appreciativeness (our actions). Showing appreciation for our teams is not a matter of time and intention. It' s a matter of priority and action.

The two boosters that will help you appreciate performance and people are:

► Create Defining Moments
◄ Know Your People, Not Just Your Employees

"An automobile goes nowhere efficiently unless it hasa quick, hot spark to ignite things, to set the cogs inmotion. So I try to make every player on my team feel like he's the spark keeping our machine in motion. On him depends our successes."
−Knute Rockne

According to Nobel Prize winning scientist Daniel Kahneman, we experience approximately 20,000 individual moments in a waking day. Each "moment" lasts a few seconds. If you consider your strongest memories, positive or negative, you'll notice the imagery in your mind is actually defined by your recollection of a precise point in time.

In some cases, a single encounter can change your life forever. Think of your own defining moments. Are they literally moments?

Your role as a leader is incredibly powerful. You have the opportunity to create defining moments for your employees every day.

Demonstrating your appreciation for your employees and their efforts can put them on the fast track to ownership behavior. There should be plenty of opportunities since a Harris Poll found that 65 percent of the workers reported receiving **no recognition** for good work in the past year!

Look for moments to acknowledge your team's efforts and results. This is basic psychology — reinforce those behaviors that you want to see more frequently.

Catch them doing something right··· and do it often.

Research by the former chairman of Gallup, Donald Clifton, revealed **workgroups with at least a 3-to-1 ratio of positive to negative interactions were significantly more productive than those having less than a 3-to-1 ratio.** (The same study showed the key ratio for marriages was 5-to-1.) What is the ratio for your team? Is it 1:1, 3:1, 5:1 or 10:1?

Consider tracking your team's ratio for a week to gauge how well you are appreciating your employees. Don't worry about showing too much appreciation. To date, there are no documented cases of employees, or anyone else for that matter, feeling over-appreciated!

The good news is that you have complete control over this type of appreciation. No budget limitations or excuses here—there are literally thousands of ways to create defining moments. Here are a few:

- Say "Thank You!" — an all-too-obvious yet highly underused form of appreciation.
- Allow employees to present their work to your boss. This is a great way to engage employees, and it also shows your boss what kind of leader you are.
- Offer team members a choice of projects to work on. When employees buy into a project, they will put their hearts into it.
- Put a sincere acknowledgement in your company or department newsletter. This takes only a few minutes of your time, but creates long-term "trophy value" for the employee.
- Tell an employee's story of accomplishment at a staff meeting. Stories are perceived as more interesting, meaningful, thoughtful and memorable.
- Take a team member to lunch to show your appreciation. Remember to do more listening than talking.

These and other expressions of appreciation solidify all of the work you did in the prior three power converters.

Defining moments also become key stories that comprise your team's biography — these moments create a rich folklore that is passed on and reinforces your team's culture of accountability and performance.

"Life is not measured by the number of breaths we take, but by the moments that take our breath away."
—George Carlin

After interviewing 25,000 leaders, Ferdinand Fournies found the most effective ones had one thing in common — they expressed a sincere interest in their employees. "Sincere" is the operative word here. Your motivation matters! If you appreciate employees in hopes of getting something in return, they will see right through you.

Appreciate your people, not just their contributions. Learn something new each day about one of your employees. Ask them about their families, hobbies, leisure activities, etc. Then weave this information into your interactions with them. They will return your appreciation with discretionary effort.

After an extensive three-year study of the critical variables for leadership success, the Center for Creative Leadership concluded that the only statistically significant factor differentiating the very best leaders from mediocre ones is caring. **People don't care how much you know until they know how much you care.** This particularly holds true for employees and their leaders.

Show your team you care by staying plugged in to them. Today's technology offers many options—

Blackberries, pagers, cell phone text messages, instant messaging, voice mail, e-mail. Be cautious of overuse of these communication options—they might cause a power outage instead of a power exchange.

With all of these technology options, it's easy to find ourselves too busy for face-to-face interaction, but that's one of the best ways to charge up our teams. **We work in a high-tech world, but leadership is still a high-touch job.**

Regardless of which channels you use to exchange information with your team, being accessible to them is the key to staying plugged in. Demonstrating that you are available to help your team be successful is quickly exchanged for discretionary effort.

You know best what makes your employees tick. Appreciation is certainly not a one-size-fits-all need. It should to be customized to each employee, so **per-**

sonalize your recognition.

For example, being recognized at an all-employee meeting might trigger more perspiration than inspiration for an introverted employee. Instead, use the information you learn about your employees to present an appropriate gift, token or sincere expression of appreciation. Invariably, the gift will be less important than the obvious time and thoughtfulness that went into it.

Know your people, not just your employees. You will begin to understand them more fully and then be able to more effectively express your appreciation··· and boost performance!

"Everyone has an invisible sign hanging from their neck saying, 'Make me feel important.' Never forget this message when working with people."
—Mary Kay Ash

■ POWER READ-OUT

Power Converter : Appreciate Performance and
People

Boosters • Create Defining Moments
         • Know Your People, Not Just Your
           Employees

Employee Accountability : Sustained High

Employee Response : Ownership

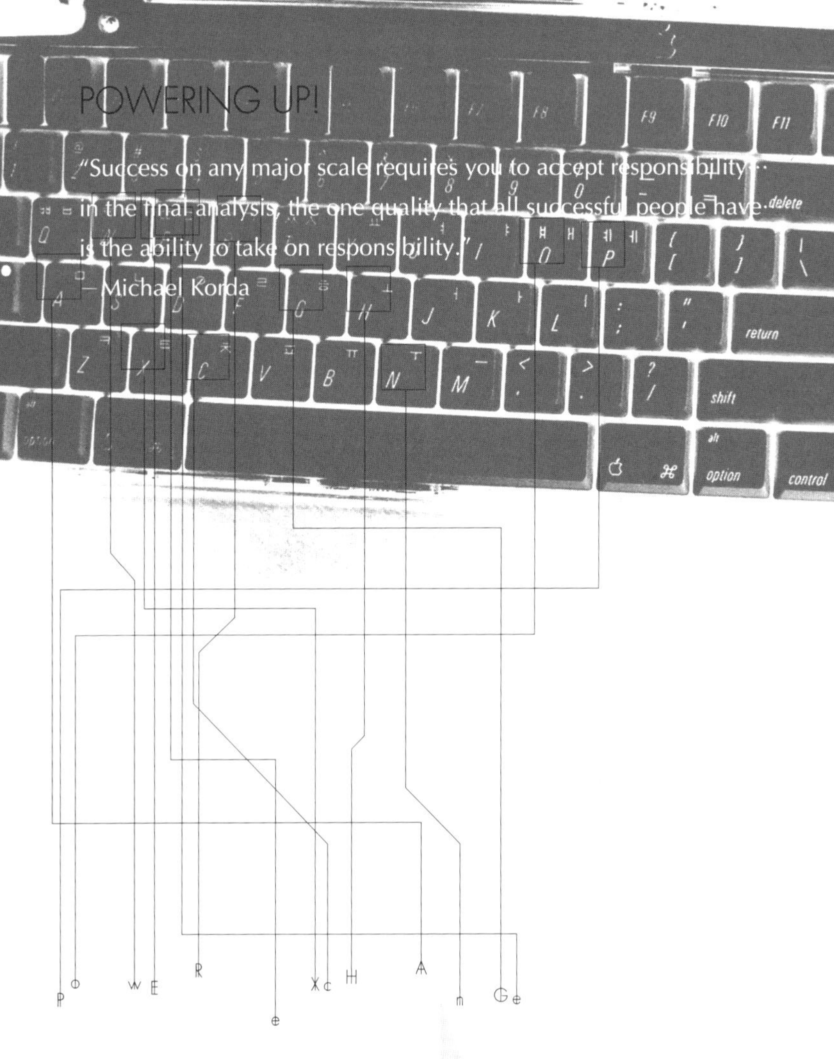

POWERING UP!

"Success on any major scale requires you to accept responsibility···
in the final analysis, the one quality that all successful people have···
is the ability to take on responsibility."

—Michael Korda

Power Converters	Boosters	Employee Accountability	Employee Response
Explain the Game	• Answer the Fundamental 4 • Define the Rules of Engagement	Low	Observation
Ask the Right Questions, then Listen	• Get the Full Story • Think Outside the Suggestion Box	Moderate	Participation
Involve Your Experts	• Streamline Success • Teach to Learn	High	Commitment
Appreciate Performance and People	• Create Defining Moments • Know Your People, Not Just Your Employees	Sustained High	Ownership

"I am only one, but still I am one. I cannot do everything, but still I can do something; And because I cannot do everything I will not refuse to do the something that I can do."

–Edward Everett Hale

Your leadership sets the limits of your team's accountability and performance. Integrate the four power converters into your leadership repertoire and your team will deliver heroic efforts and unbeatable results!

Nordstrom is a retailer that is internationally known for delivering superior customer service because their people take personal ownership for satisfying each shopper's individual needs.

A couple of years ago, a friend of mine was in

Nordstrom, shopping for a gift—a certain perfume. This brand of perfume had long been his wife's favorite and he knew Nordstrom would have a good selection.

But when he reached the fragrance counter, he was surprised to find that Nordstrom didn't carry that particular perfume. "I'm sorry, sir," apologized the associate. "We haven't carried that fragrance for some time. However, if you have about 15 minutes, I'll see what I can do."

Agreeing to return in 15 minutes, he browsed through other departments to see if something else caught his eye. Fifteen minutes later, he returned to the fragrance counter and there was the associate with the perfume he was seeking in hand asking if he would like to have it gift wrapped.

"But⋯, how? Where did you find it?" he asked,

thinking it may have been found in some dark corner of a back room.

"One of the stores here in the mall carries it, so I ran down and bought it right away," the associate responded.

"But how did you pay for it?" my friend wanted to know.

"I used my own money," she replied.

"So, tell me, how much do I owe you?" he asked.

She told him the amount, gift wrapped the precious bottle of perfume, smiled and my friend was on his way, relieved to have found what he was looking for.

As my friend relayed the story to me, I marveled at an organization that was able to instill such pride of ownership into each employee, so I began researching Nordstrom's leadership approach.

What I found was that Nordstrom has flipped the

typical organizational pyramid, so customers are at the top of the chart, the top priority, followed by sales associates and other support staff. At the bottom are the CEO and other company officials. That' s a literal power exchange!

Nordstrom's power exchange boosts their sales associate accountability and ownership. As a result, Nordstrom's stellar customer service has become the gold standard in retailing and serves as a benchmark for other industries.

You are the power source for your team. How you distribute your power is your choice.

Powering up your team is like charging a battery. It takes time for the power to be gradually transferred from the power source (the leader) to the battery (your team).

Once fully powered, the battery can generate strong voltage (performance) for awhile, but not forever. To sustain higher performance levels, the power converters must be used continuously to recharge your team and sustain the output you want.

As you incorporate power exchange into your leadership style, you will begin to see remarkable results. As the voltage rises, so will your team's performance level.

Ultimately, your power exchange, like the power exchange that has fueled excellence at Toyota, Nordstrom and other industry leaders, will boost your team past the competition!

Power horded yields destruction.

Power exchanged yields production.

지은이

리 J. 콜란 *Lee J. Colan*

저자는 기업의 고문관이자 연설가로 활발한 활동을 하고 있다. 20년간 직접 기업을 경영하고 컨설팅한 경험이 있으며, 조지 워싱턴 *George Washington* 대학에서 산업/조직 심리학분야의 박사학위를 받았다. 그의 열정적이고 에너지 넘치는 강연과 프레젠테이션은 청중들을 사로잡는 것으로 유명하다. 또한 누구나 당장 업무에 사용할 수 있는 실용적이고 강력한 도구를 전달해 준다고 정평이 나 있다.
http:// www.theLgroup.com

옮긴이

송경근

한국 기업에 맞는 경영전략(비전, 핵심역량) 수립과 경영혁신, 지식경영, 통합경영성과지표, 고객관계관리(CRM), 정보시스템(ERP) 구축 등 기업 컨설팅 프로젝트를 전문적으로 수행하는 하나컨설팅그룹의 대표다. 한국능률협회, (주)제일기획 경영자문위원, (주)금강기획 경영혁신 자문위원을 역임했으며, 현재 서울중앙병원(미션, 비전, BSC), (주)화천기계의 고문으로 활동하고 있다.
역서로는 《주식회사 예수》, 《기적의 사명선언문》, 《먼데이 모닝 커뮤니케이션 8일간의 기적》, 《로열티 레슨, 홀리고 사로잡고 열광한다》 등 다수가 있다.

한언의 사명선언문

Our Mission   —• 우리는 새로운 지식을 창출, 전파하여 전 인류가 이를 공유케 함으로써 인류문화의 발전과 행복에 이바지한다.

  —• 우리는 끊임없이 학습하는 조직으로서 자신과 조직의 발전을 위해 쉼없이 노력하며, 궁극적으로는 세계적 컨텐츠 그룹을 지향한다.

  —• 우리는 정신적, 물질적으로 최고 수준의 복지를 실현하기 위해 노력하며, 명실공히 초일류 사원들의 집합체로서 부끄럼없이 행동한다.

Our Vision   한언은 컨텐츠 기업의 선도적 성공모델이 된다.

HanEon´s Mission statement

Our Mission   —• We create and broadcast new knowledge for the advancement and happiness of the whole human race.

  —• We do our best to improve ourselves and the organization, with the ultimate goal of striving to be the best content group in the world.

  —• We try to realize the highest quality of welfare system in both mental and physical ways and we behave in a manner that reflects our mission as proud members of HanEon Community.

Our Vision   HanEon will be the leading Success Model of the content group.